青春美文精品集萃丛书·难忘童年系列

童年是微风中的蒲公英

《语文报》编写组 选编

时代文艺出版社

图书在版编目（CIP）数据

童年是微风中的蒲公英 /《语文报》编写组选编.
-- 长春：时代文艺出版社，2021.6
（青春美文精品集萃丛书. 难忘童年系列）
ISBN 978-7-5387-6736-0

Ⅰ.①童… Ⅱ.①语… Ⅲ.①作文－中小学－选集
Ⅳ.①H194.5

中国版本图书馆CIP数据核字(2021)第087991号

童年是微风中的蒲公英
TONGNIAN SHI WEIFENG ZHONG DE PUGONGYING

《语文报》编写组　选编

| 出品人：陈　琛 |
| 责任编辑：王　峰 |
| 装帧设计：任　奕 |
| 排版制作：隋淑凤 |

出版发行：时代文艺出版社
地　　址：长春市福祉大路5788号　龙腾国际大厦A座15层　（130118）
电　　话：0431-81629751（总编办）　　0431-81629755（发行部）
网　　址：weibo.com/tlapress（官方微博）　sdwycbsgf.tmall.com（天猫旗舰店）
开　　本：880mm×1230mm　1/32
字　　数：135千字
印　　张：7
印　　刷：三河市嵩川印刷有限公司
版　　次：2021年6月第1版
印　　次：2021年6月第1次印刷
定　　价：36.00元

图书如有印装错误　请寄回印厂调换

编 委 会

主　　编：刘应伦

编　　委：刘应伦　赵　静　李音霞

　　　　　郭　斐　刘瑞霞　王素红

　　　　　金星闪　周　起　华晓隽

　　　　　何发祥　朱晓东　陈　颖

　　　　　段岩霞　刘学强

本册主编：胡翠翠

Contents 目　录

生命中的阳光

青春旷野里的一排树 /	田硕果	002
情系朱家角 /	陈　帆	004
雨夜，我在倾听 /	曾子涵	006
那一秒，心灵的触动 /	江轩苇	008
妈妈最牛 /	汪霁月	010
想念母亲 /	陈嘉新	012
一把荷叶伞 /	周雨文	014
心中的桃花源 /	沈菁晖	016
童年的大套鞋 /	谭文佳	019
童年的夏夜 /	谢　婷	021
童年憨事 /	佘依安	023
沙漠之行 /	江　锦	025
修鞋 /	朱雨桐	027
放风筝 /	胡添林	029
这就是我 /	王　宁	031
小河边的春天 /	李梦瑶	034

屋檐下 / 张乐林 036
生命中的阳光 / 勾金萍 039

留意小小的风景

留在心底的风景 / 王　莎 042
小老板 / 李乾乾 044
我战胜了自己 / 黄紫青 046
向考试笑着说再见 / 刘瑛琪 048
秋天的赌注 / 朱雨桐 051
买笑 / 沙琼瑜 054
风景依旧 / 韩　超 057
眺望西湖 / 马　铭 059
空白，也是一种享受 / 陈　爽 061
听话的电梯 / 尚靖武 064
再见，懦弱！ / 段禹彤 066
遥望群山 / 张　彤 068
永恒的快乐之源 / 段大木 070
不敢，那就算了吧 / 陈庆胜 072
春天的新生 / 张丽丽 075
爱，如此简单 / 倪丹琳 077
站在老槐树下 / 阎世元 079
意外的新年礼物 / 陆　显 081
抢扇记 / 肖　邦 083

盛夏光年 / 张一多 085

不经意的美丽

抚琴之乐 / 张佳琳 088
观察日记精选 / 王兆俊 090
不经意的美丽 / 方 悦 093
成长回眸 / 董雨晴 095
总想为你唱首歌 / 赵 田 097
雨走在琴弦上 / 朱静怡 099
快乐，在我身边 / 张雨薇 102
书香满屋 / 周富薇 105
科学无处不在 / 刘小培 107
接受感动 / 刘 宇 109
我眼中的孔明 / 刘 斌 111
幸福就在身边 / 王 迪 113
游石鼓山记 / 杨 凯 115
城市的轨道 / 王晨笛 117
致保尔·柯察金 / 刘 航 120
轨迹 / 廖嘉琪 122
美丽家乡我的梦 / 黄 薇 125
会开花的梦想 / 李雅琪 127
逆境与信念 / 王豪爽 129
花开的声音 / 章佳文 131

跨越心灵的横杆 / 陈纬奇　133

聆听花开

一路有你们，真好 / 谭　梅　136
向爷爷学习 / 宋天健　139
我是小小蛋糕师 / 李冰雪　141
玉兰花香 / 胡嗣男　143
聆听花开 / 石雨帆　145
黑板上的记忆 / 刘明睿　147
因为有期盼 / 陈雪婷　149
四季·土地 / 曾子荆　151
我的故事 / 丁行健　154
"玉蛋"轶事 / 韩田琦　156
露台上的演奏 / 李健康　158
童话内外 / 张建强　160
莲花 / 韩　斌　162
我的妹妹 / 郑紫珊　164
夏日风情 / 方笛雅　167
"维尼熊"的糗事 / 吕雪藤　169
我要长高 / 瞿　阳　171
闲不住的人 / 俞瑞华　173

藏在心中的感动

那年春天，回不来 /	彭镜珊	176
不服老的外公 /	陈金宇	179
大国英 /	陈思彤	181
夜来香 /	蓝斯蔓	183
母亲 /	刘明秀	185
小心眼儿的爸爸 /	林嘉丽	187
睡神 /	卢怀雪	189
藏在心中的感动 /	张靖之	191
超级动漫迷 /	邓漪岚	193
没有人像他一样 /	高钰婷	195
父亲的手 /	杨 静	198
外婆·缅桂花 /	杨 芳	200
追"星"记 /	韩佳月	202
妈妈的手机短信 /	黄 飞	205
没钱的日子 /	张 婷	207
环保总动员 /	朱梦垣	209
长大是个过程 /	刘逸楠	211
妈妈不帮我 /	王美琳	213

生命中的阳光

青春旷野里的一排树

田硕果

我跟父亲说出我的决定那天,正是国庆节的前一天。

父亲只顾卸着四轮车上的玉米棒子,看也不看我一眼:"不想念书了?不想念书正好,明儿就下地去。"

第二天是国庆节,普天同庆的日子。我跟着父亲来到离村子最远的一块地——北大渠,这里有我家的两亩责任田。

这里没有金风送爽、瓜果飘香的美景,有的只是一眼望不到头的密密麻麻的玉米地。枯黄的玉米叶子刀刃似的锋利,刮在脸上火辣辣地疼;中秋的炎阳正爆出秋老虎的余威,烤得我汗流浃背;最讨厌的还是玉米穗上的粉粒,不时灌进脖颈里,像有千万条小虫在蠕动。我赌气般地掰着两垄玉米棒子,却被掰了五垄玉米棒子的父亲越甩越远。

整整一天，我狠命地挥霍着青春的蛮力，脑子里却不时出现人流如织、繁花似锦的胜景——这个世界太不公平！我无望的青春，难道就要像父亲一样销蚀在这枯燥的劳动之中？

终于，夜色渐渐吞噬了田野，装好车后，父亲开着小四轮"突突"地走了。我精疲力竭地蹬着自行车，慢慢驶在大渠畔长长窄窄的小路上，愤愤不平地想着心事。不经意间，堤岸上一排茂盛的树木吸引了我的视线。奇怪的是，这些只有手指粗的树不是一棵棵，而是一丛丛长在一起，顺着堤岸延伸到远方。那是些什么树呢？看树干像是我们这里最常见的杨树，而树叶却比杨叶宽大得多、肥硕得多。我诧异地停下车子，原来它们是长在树桩上的"树"！那些经年的树桩，早已枯朽，然而木皮相接处却滋长出一圈簇新的生命。

驻足凝望，那一丛丛新生的小树在百草枯萎的季节里，仍泛着青光，举着繁密的叶片，笔直地向上伸展，伸展……

明知无望成材，它们却仍如此不屈不挠、信心满满地生长，为这个萧索的秋天奉献出最后一道葱茏的风景！

伫立在空旷的田野中，穿梭在这一排不是树木的树木中间，我第一次读懂了"青春"的含义——不抛弃，不放弃，哪怕前途渺茫，哪怕注定了失败，也要留给世界飒爽的英姿。

情系朱家角

陈 帆

"摇啊摇,摇到外婆桥,外婆请我吃年糕……"和着朗朗上口的童谣,我和爸爸"摇"到了上海颇负盛名的古镇——朱家角,感受来自水乡的别样风韵。

火辣辣的太阳烘烤着大地,空气中夹杂着一股热流,我和老爸边走边抱怨着老天过于"热情"。可刚刚步入古镇小道,迎面便吹来徐徐凉风,凉爽极了。我行走在小道上,抬头张望,只见一整片由黑瓦块组成的屋顶,白浆粉刷的房屋整齐有序地坐落在小道两旁,一间连着一间,门面小而不挤,门户多而不乱。大伙说话都是低声细语,生怕惊扰了小镇的宁静与舒畅。看到这,我不禁屏住了呼吸,放轻步伐,尽量不让自己发出什么声响。

绕过小道,一座拱形石桥映入我的眼帘。只见它稳稳当当地卧在碧波粼粼的水面上,桥壁上一朵朵祥云有序地排列着。仔细瞧瞧，嘿，共刻了五种祥云，姿态各有不同：有的拖着细长的身影；有的缠绕在一起，好似一朵盛开的牡丹；有的则摆起了八卦阵式，精致神秘。"东东，这就是朱家角标志性的建筑——如意桥。传说走过这桥的人就能万事如意，我们也来如意一回吧！"爸爸边说边拉着我快步走上如意桥。这时，我隐隐约约听见划水声，止步望去，一只只小木船缓缓地在小河上穿行，清脆悦耳的划水声给人带来了丝丝凉意，河水也跟着乐开了花。小船上的游客悠闲地喝着茶，观赏着岸边的风光，风声、水声、歌声和笑声融合在一起，奏出了水乡独有的魅力。

走过小桥，穿过丛林，一座四层高的观音宝塔赫然矗立在眼前，古朴典雅的设计和装饰尽显塔楼的庄重。几只跳跃的鱼儿雕像让塔楼生动了不少，与小河遥相呼应的建筑风格，显得别具一格。我想：塔楼的那些鱼雕应该就是小河的守护神吧！

行走在水乡古镇的绿荫小道上，我呼吸着清新的空气，享受着小桥流水人家的别样风韵，也让我永远记住了——朱家角！

雨夜，我在倾听

曾子涵

夜，雨点儿咆哮着砸了下来。

落到地上时，声音又大又响，简直就是一种折磨人的噪音，要多难听有多难听，我的心情也烦闷起来。

低头看向花园，却发现，那雨珠砸在草地上的声音，竟是极其脆生的。我的心一下子静了下来，仔细地倾听这雨夜的声音。

我听到了小草在笑。它并没有被这大雨的怒吼吓倒，而是勇敢地迎了上去。雨点把它淋得湿透了，但它发出了笑声，一种不惧怕任何咆哮的笑声——那笑声仿佛在说："让暴风雨来得更猛烈些吧！"

我听到了大树在歌唱。任凭雨点儿把所有的怒气都发在它身上。它只是唱歌，用平静的旋律安抚雨的怒气，用包容的歌声回复雨的批判，用轻浅的低吟平复那雨的烦躁。那"沙沙"的声音，不正是大树给雨的回应吗？

我听到了石头在低吼。雨无端地发着脾气，它却是低吼，镇住了那张牙舞爪的雨。雨凶狠，它更不服输，怒骂着咆哮着顶了回去，让雨失去了肆意骂人的资本，只能灰溜溜地滑过它坚硬的身体，默不作声地覆在地面。

我还听到了很多很多……

我听到，所有不屈的灵魂，在雨的狞笑声中，嘹亮地纵情歌唱！这些不屈的声音，让凶狠的雨在它们面前，最终只能默不作声。

我不由得感到羞愧。连这些生物都敢于乐观地大笑，为何我，却只能恐惧地尖叫，无奈地低泣？

我想，只要勇敢地面对困难，那么，困难也会被迫噤声吧？

雨夜中，雨继续地下着，但我再也不烦闷了，因为我在倾听，这世间各种沉默的、不屈的声音。

那一秒，心灵的触动

江轩苇

夜，静得那么美丽。

教室里，六十支钢笔"沙沙"的声音构成了一曲美妙的旋律。

"吱"，门轻轻地打开了。一个身穿蓝色棉布衫，满脸汗水，皮肤黝黑的人出现在我们面前。同学们纷纷议论起来。

他顿时紧张起来，眼睛不由自主地朝地上看。他力气很大，一次拿了三桶水走进教室，同学们也像看电影般，直直地盯着他，嘴角荡起丝丝笑意。我想，他肯定明白自己只是一个平凡得可以让人忽视的送水工而已。他急匆匆地换好了水，卑微的神情里始终透着急躁。

正当他准备拿着空水桶走出教室时，其中的一个空水桶就像不听话的小皮球一样，滚到地上，直往教室后面跑。他急了，三步并作两步去追。可是，"小皮球"还是跑在了他前面。大家的目光也随着"小皮球"不断移动。突然，一只胳膊出现，拦住了空水桶。所有人都停止了呼吸。是他？怎么会呢？一个平凡得可以让人忽视的文静男孩儿，胆小，羞怯。雷鸣般的掌声几乎是同时在教室里响起，大家都在为这个男孩儿的善良鼓掌。

他感激地朝这个男孩儿笑了笑，也向全班会心一笑，露出了洁白的牙齿。笑容，那么纯净，那么朴实。他出去了，轻轻地关上了门，眼里充满感激与自信。

我的心突然被触动。爱是相互的，尊重也是相互的。尊重那些平凡的人，爱他们，因为他们也有属于自己的笑容。

夜，又恢复宁静，是那样的美丽。

妈妈最牛

汪霁月

我从小就爱炫耀：爱迪生有一个世界上最好的母亲，我有一个世界上最牛的妈妈。

我妈妈有三牛，你想见识见识吗？请看下文。

妈妈牛之一：会"魔术"。我常常怀疑妈妈曾经是不是刘谦的徒弟，在刘谦老师那儿得到了指点。她能把一件很平淡很普通的事变得生动有趣，更奇怪的是，她有一股强大的魔力扭转我的思想，制服我的叛逆。

我小时候不爱洗脸，玩得小脸脏兮兮的就直接倒在床上睡。妈妈看了眉头一皱，满脸无奈的神情，对我哭笑不得。我暗自得意，这下妈妈拿我可没有办法了。

有一天，妈妈回家时带回个洋娃娃，我高兴得上去就抢。妈妈一把夺过去，抱着洋娃娃又亲又笑的，还模仿洋娃娃奶声奶气地说："我只喜欢干净、小脸白白的朋友,不洗脸的孩子最丑。"这一招真灵!"我——要——洗——脸——"为了心爱的洋娃娃,我只好自觉地去洗脸。

妈妈牛之二:妈妈用爱包容一切。在妈妈眼里,每一个人都善良美好;在妈妈脚下,每一块土地都圣洁无比。

一个星期天的早晨,一位看似和尚的人叩开了我家的门。妈妈热情地接待了那人,那和尚说了很多吉利的话语,并送给妈妈一串佛珠。最后却要两百元钱作为回报。妈妈那时没有丝毫的犹豫,将两百元钱递到那和尚手里,微笑着送他出去。

我想说妈妈真傻,可妈妈看出了我的心思,微笑着说:"如果那和尚是真的,那我就算为佛教事业做点儿小贡献;如果那和尚是假的,就算我帮了他一回,我少买一件衣服就是了。"

我妈妈真牛吧?

妈妈牛之三:妈妈始终保持本色。妈妈是一名教师,她穿着朴素,从不打扮。曾有一段时间,我很瞧不起妈妈,嫌她老土。妈妈似乎看穿了我的心思,她拿出自己年轻时的照片给我看。照片上的妈妈充满朝气,富有活力,具有内美外秀的气质。我猛地意识到自己的荒谬。妈妈爱的是自然美,是朴素美,是心灵美!妈妈牛,妈妈真牛!

我自豪,我为有这样牛的妈妈而自豪!妈妈的"牛事"将永远激励着我,成为我成长路上一笔宝贵的精神财富!

想 念 母 亲

陈嘉新

月亮悬挂在空中,明亮而皎洁,黑色的天幕上,缀着几颗若隐若现的星星像是在等待着什么。

安静地坐在教室里,手中攥着新学校的校规,我心不在焉地望着窗外,只能看到清冷月光,眨着眼睛的星斗,思绪,也飘飞。

我似乎也在等待,一种朦朦胧胧的情感涌上心头,泪水也不禁跳出我的眼眶。"你要好好地学习,离开家,要学会照顾自己。"对,这是妈妈的话,是我来到新的寄宿制学校之前,妈妈的叮咛。只记得,妈妈当时是微笑的,温柔得像清风,却无法掩饰她那泛红的双眼。那时,我只是沉默,单纯地以为,我走了,就没事了。可,离开妈妈的我,现在细细回想,当初妈妈那勉强的笑容里,该有多少不舍,该有多少欲言又止的嘱托!遗憾的是,我当初竟毫无察觉，现在才真的感受到，我是多么想念她！

晚风依然在吹拂，楼下站着的大树"沙沙"作响，像是在诉说今晚会是个不眠之夜，又像是低低吟唱那离愁别绪。月光洒下，母亲的身影，再次浮现在眼前：上学的早晨，妈妈为我准备好早点；阴雨的天气，妈妈为我送来雨伞；备战考试的夜晚，妈妈为我端来牛奶；取得好成绩的时候，妈妈向我投来赞赏的目光；失意的时候，妈妈给我一个安慰的拥抱……

此时，泪已滂沱。

妈妈，离开你的日子，真的好孤单！

不过，我知道，有你像空气一样的爱陪着我，我会加倍努力，让这种思念化作前进的动力，让我永远是你的骄傲！

妈妈，此时，你是否还坐在我喜欢的阳台上，仰望天空？

一把荷叶伞

周雨文

今天是太阳公公的生日,太阳公公的好多朋友都赶去为他祝贺生日。雨姑娘也驾着乌云马,奔向太阳公公的家。

渐渐地,雨姑娘觉得有点热了,她一抹额头,手上沾满了汗水,她把手轻轻一甩,汗水洒向了大地。

这时,正在四处觅食的小鸡们看到下雨了,都赶紧往家里跑。有只名叫小不点儿的小鸡,体质特别弱,她不管怎样努力,都赶不上自己的哥哥姐姐们,渐渐落在了后面。

离太阳越来越近,雨姑娘和她的乌云马都感到越来越热了,他们的汗水不住地往下淌。

雨越下越大了,小不点浑身都湿透了。一阵冷风吹来,她禁不住打了个寒战,浑身哆嗦着,嘴里不停地呻吟："冷啊，冷啊……"

小青蛙咕咚最喜欢下雨了，他和伙伴们在池塘里嬉戏着，玩得特别开心。当听到叫冷声时，他赶紧跳上了岸，发现是只浑身湿透了的小鸡。咕咚转身就赶紧跳回池塘里，折了一片荷叶，吃力地扛上了岸。他把荷叶插在小鸡的身旁，对小鸡说："你赶快躲到荷叶下面吧！"小鸡连忙道谢，然后迅速地钻进了荷叶伞下。

乌云马终于跑不动了，雨姑娘也热得吃不消了。雨姑娘心想："我是不是生病了？带着虚弱的身子到别人家做客可不礼貌啊！"于是雨姑娘和她的乌云马只好慢慢地往回走了，渐渐地他们感到凉爽了许多，汗水也不再往下流了。

雨停了，乌云不见了，彩虹姐姐拿出七彩画笔，为太阳公公画了一架七彩桥，天空被装扮得美丽极了，太阳公公露出了欢喜的笑脸。

在阳光的照射下，小不点儿身上的羽毛也渐渐地干爽了，她又恢复了原来的生机。她向小青蛙咕咚说了声："谢谢！"然后依依不舍地走上了回家的路。

心中的桃花源

沈菁晖

陶渊明笔下的桃花源,是人人向往的仙境。其实,每个人心中都梦想着有一个桃花源,在那儿,山清水秀,与世无争,它是属于自己的一个精神乐园。我心中也有一个桃花源,它就是我的家。

家 中 的 景

我的家可美啦:有一间大书房,书架上摆满了书,我可以随时遨游在知识的海洋里;有一个饭厅,亲爱的妈妈总会在厨房忙碌一下午,为我和爸爸做一桌丰盛的晚餐,每次走进饭厅,就会觉得暖暖的;还有一个小院子,我在院中为小花浇水,给花盆松土,这里充满了我快乐的回忆。

家中的人

我们是三口之家,家里充满了爱。爸爸像太阳,给我温暖;妈妈像月亮,给我温柔。有一天,放学时下起了雨,我正好没拿伞,只好淋雨了。回到了家,我接二连三地打喷嚏。爸爸走过来,看着我难受的样子,心疼地说:"为什么不带伞?感冒了多难受啊!"说着,将手中早已拿好的药递给我,"快把药吃了吧!"这些话让我感到无比温暖。有一次,我考试考砸了,心想:回到家里一定会被骂的。可到了家,妈妈知道后却丝毫没有动怒,反而安慰道:"没事的,只要不在同一个地方跌倒两次就好。好好努力!"看妈妈的温柔多么可贵,我要好好珍惜它!

家中的事

在家里,我与爸妈相处得十分融洽,我们总是互帮互助。我帮爸爸捶背,爸爸助我解难题,我帮妈妈做家务,爸爸帮妈妈买菜。有一次,在爸爸妈妈结婚纪念日的那天,我趁他们出门,在家中准备了一份礼物。我跑进厨房,拿出菜谱,学着妈妈做饭的样子,在厨房干起了活——我要为爸爸妈妈做一张烙饼。我左舀一勺水,右撒一把盐,折腾了好半天,才烙成一个不成形的饼。正好这时爸爸妈妈回来了,我把那块饼递给他们,叫他们品尝。爸爸妈妈咬了一口饼,皱了皱眉,但马上又笑了起来,异口同声地说:"好吃!"我很满足,便也得意地咬了一口,天啊!真咸……

我心中的桃花源是一个有父母的陪伴,有爱栖息的地方。这就是我的家——我心中最美的桃花源!

童年的大套鞋

谭文佳

爸爸说话不算数！儿时的我常常这样想。

我的衣服几乎全都是姐姐穿旧以后剩下的，鞋子也不例外。每回下雨，我都得穿着姐姐的大套鞋在雨地里"吧唧吧唧"地走。我曾为此哭闹过，妈妈每次都说："燕子乖，燕子乖，大鞋子穿久了会变小的，到时候，你还穿不下呢！"说着还常常刮一下我的小鼻子，我也就停止了哭闹。然而，有一次——

那一天下了场大雨，我依旧穿着——不，应是拖着姐姐的大套鞋，戴着爸爸的大斗笠，拉着妈妈的手上幼儿园。大大的鞋，小小的脚，每次踩下去就觉得冰凉冰凉的。穿着这么大的鞋真难受，我不由得低头看。呀！脚就像站在小水潭里，每走一步，感觉像鞋里有水来回涌动，我实在忍受不了那滋味，就站着不走了。妈妈见我不走，就说:"燕子,不舒服吗?""没有。妈妈,这鞋太大,给我买双新的吧!"妈妈看了看我脚下的那双鞋,抚摸着我的头,说:"买,这次一定给你买!"

傍晚,厂里的下班铃响了。我们一个个趴在桌上唱着:"下班喽,下班喽,爸爸妈妈都回喽……"小朋友们一个个被接走了,最后只剩下我一个人趴在那里喃喃地哼着:"下班了……"老师边逗我玩边讲故事,我却望着窗外阴沉沉的天,大哭起来。想到爸爸妈妈都不来接我,他们不爱我了,我哭得更伤心了。

我也不知道后来是怎么到家的。一觉醒来,我已躺在床上了。只听到爸爸和妈妈的谈话声:

"我上午答应给她买的。"

"下个月再买吧!这个月我还要买几本必要的书。"

"这是第几个'下个月'了?孩子的事你总是不放在心上。"

"唉!下个月还有好几块电路板要买,还有几本必要的书,厂里条件还不怎么好,我们这些人也得分担一些呀。"

妈妈没话说了:"但我们得说话算数。"

"好好,我这次准算数。"

可事实并非如此,我还是经常最后一个被接走,仍然是穿姐姐的大套鞋去上幼儿园。是爸爸说话不算数吗?不!我现在才懂得了这一点。

童年的夏夜

谢 婷

我的童年是在农村度过的,那是一段有趣的时光。有流淌的小河,有结满果实的桑树,还有充满欢乐气息的夏夜……

在夏季的夜晚,人们纷纷搬出竹床和椅子摆在禾场上乘凉。我们小孩子不愿意乖乖地坐着,便三五成群地去捉萤火虫,听青蛙表演大合唱去了。说实话,我更愿意坐在妈妈旁边听大人们讲有趣的故事,可看着小伙伴们在一起玩耍我就坐不住了。

有时我会在自家门前的空地上摆一张竹床躺在上面享受风儿的抚摸。然后,我就开始数星星。可是,数着数着就糊涂了,邻居家的小哥哥总会指着我的鼻子逗我是"小笨蛋",我便和他闹作一团……

偶尔小哥哥也会出一些谜语让我猜,我会认真地苦思冥想一番，却不知已经中了他的圈套。结果，引来大家哈哈大笑。那笑声回荡在夏夜里，感染着每一个人，我也就稀里糊涂地跟着笑了起来。

记得一年七夕，妈妈给我讲牛郎织女的故事。当妈妈讲到狠心的王母娘娘将牛郎织女分开时，我便愤怒不已，当知道结局时又感到惋惜。抬头仰望天空，看见两颗璀璨的星星，离得很近，身边还有一些小星星忽隐忽现。于是，我猜想，大概今晚牛郎和织女正在见面吧，小星星会是他们的孩子吗？

现在，我随着父母来到城市上学，条件变好了，可我却再也不能回到那开心的童年，这使我愈发向往童年夏夜那璀璨的星空。

童 年 憨 事

佘依安

儿时的我，有些憨。妈妈常把我小时候的"憨事"翻出来娱乐大家。每当听他们提起我的那些"光辉历史"，我就又生气又忍不住想笑，那时的我怎么就那么憨呢……

上幼儿园时，有一篇课文是讲艰苦朴素的，记得老师对我们说："好孩子应该艰苦朴素，不应奢侈浪费。"一向调皮的我，当时心血来潮，心想一定要做一个好孩子，受表扬。回家后，我硬要妈妈把新买的裤子打上个补丁。妈妈说："好端端的裤子又没有洞，为什么要打上补丁？"我心有不甘，过了几天仍念念不忘老师说过的话。终于，我想出了一个好办法。我使出浑身解数上蹿下跳，左磨右蹭，终于把那条本不应破的新裤子"活生生"地弄出几个洞来，妈妈也只好在裤子上打上补丁。第二天，我在幼儿园里就向小伙伴们炫耀说自己如何如何艰苦朴素。

后来老师知道了，和蔼地对我说："把新裤子故意搞破，再打上补丁，这不算艰苦朴素……"在老师的教导下，我才知道艰苦朴素的真正含义。

还记得刚上小学一年级的时候，有一天晚上，妈妈下班回来，突然从身后变出两根棉花糖。我从前没有吃过，当即撕下一片"棉花"粘在自己的嘴巴上，就好像长出了白胡子一样，既好吃又好玩。不过这么好吃的棉花糖一会儿就吃完了，我还想吃，怎么办呢？傻傻的我当场就想为什么不自己做一个呢？顾名思义，我想棉花糖一定是棉花做的。于是便在棉被中轻轻地抽了几缕棉花。哈！材料找到了。我悄悄地溜进厨房，将棉花放进锅中，又胡乱撒了几把糖，然后学着妈妈的样子把电磁炉打开。耶！大功告成，就只等着香甜的棉花糖出炉了。可是，出乎意料的是，棉花竟然糊了！我不禁大喊道："我的棉花糖呢？"妈妈闻声而来，立即关掉了电磁炉。妈妈看着锅里烧煳的棉花便知道了一切，在妈妈的嗔怪声中我才明白棉花糖不是用棉花做的。我又闹了一个大笑话。

这就是童年的我，憨憨的，却十分快乐。有时我想，长大了会变聪明吧，但人们说聪明人烦恼多。所以我决定，不拿快乐交换聪明，我愿意憨并快乐着。

沙漠之行

江　锦

"我的热情，好像一把火，燃烧了整个沙漠……"揣着这句歌词，激动万分的我双脚踩在了库布齐沙漠绵软的细沙上。深呼吸，沐浴着高原千米海拔的浓醇阳光。

印象中的沙漠，应该是这样的：用高温表达着热情的烈日，用灼热抒发着情怀的沙丘，用燥闷拥抱着来客的空气……我应当是气喘吁吁被"大漠孤烟直"的气概所慑服，瞬间肃穆在气势非凡的沙海前。

而当我翻过第一座小沙丘，感到沙漠如平静的海水般柔顺。微风在发丝间散步，送来一阵悠闲的凉爽。阳光涂抹在皮肤上浓浓化开，这里的阳光纯净如水，热而不燥。浩浩荡荡涌向天边的金浪，冲破了地平线的桎梏，呼应着游弋在苍穹之上的闲云。云如柳絮弥聚，缝隙中滴漏出天空柔柔的淡蓝。

每一次呼吸，身心都舒展开来，轻盈得像一只游动的海葵。耳畔越过旁人笑语，远处的驼队悠悠地把我带到了另一个时空。沙漠，也可以有这般风情。

在沙漠中游玩需要的不是静止沉思，而是热情澎湃地活动起来，让自己与沙漠融为一体，就像歌里唱的那样。无拘无束，哪怕弄得满身是沙，尽兴就行。沙漠冲浪车、骑骆驼、滑沙……沙漠上有五花八门的娱乐项目，有的光是听听名字就觉得很刺激。

我乘坐上沙漠冲浪车。船型的车子在起伏不平的沙丘间上下穿越，迎面扑来的凉风让人大呼过瘾。每逢从一个最高点往下俯冲，都会引来车上人阵阵的尖叫，感觉真像是在波涛滚滚的大海上冲浪！车子每一次颠簸都像是在神经末梢上的一次翻腾！

骑上高高大大的骆驼，身体随着驼峰海浪般的起伏微微晃动。晃动中，眼见得幽远的驼队，无垠的金色大漠，撩人的清风，恩泽众生的骄阳，默默生长的耐旱植物……只觉得心旷神怡，似乎身体要飞起。

后边的游客兴奋地高声唱起《热情的沙漠》，欢声连连。接下来就变成尖叫连连了，刺激的滑沙让大家虽然吃尽了苦头，但很是过瘾。我在滑沙终点拍拍身上的沙站起，嗬，连头发里都是沙，心中却极是欢腾，如被点燃。

如果沙漠是个聚热的柴堆，那么自己的心便是点燃它的火星。坐在露天缆车上俯瞰时，我如是想。金黄色彩渐渐远去，沙漠带给我的印象呼啸过场，留下绵长韵味的回忆。

修　鞋

朱雨桐

那是个破烂不堪的修鞋铺，用一个很大的破棉布门帘子挡着灌进来的寒风，地上堆放着一些边边角角的皮革，还有线团和锤子剪子之类的工具，一把小木椅子上坐着一个瘦小的老头儿，咯吱咯吱的响声从老头儿弯腰或者随便移动身体的时候传出来。昏暗的灯光照着老头儿的脸，泥垢在脸上的纹路里堆积着，一双小眼睛不停地眨巴着。更可怕的是他的头几乎缩进了胸腔，弯着的脊背上像扣了个又大又重的锅，一件铁青的衣服隐隐地散发着腐坏食物的那种酸味儿。

天冷得厉害，大股大股的风横扫过街，虽然才下午四点来钟，却已经很暗了，当我走近修鞋铺的时候就后悔了，可是又找不到别的地方去修鞋，只好用大拇指和食指揪起一点儿铮亮地闪着油垢光的门帘儿，把鞋扔了进去。

老头儿哑嗓子喊着："闺女，进来坐着等，外面冷。"我缩了缩脖子，不情愿地钻进了那小棚子。

棚子虽然用好多层破旧棉被麻袋什么的裹着，风还是嗖嗖地钻进来。火光和灯光一起折射到老头儿的脸上，让他显得更加丑了。

他的活儿倒是挺好，麻利地收拾着坏掉的拉链，还用手掰着脚跟处有点开线的地方，嘟囔了一句，"我帮你缝上吧。"说着这话手也没停下来，依然低着头忙碌着。

我想起来许多小商贩都是这样，最后向顾客要高价，想着这些仿佛看见他奸笑的样子，我忙说："不用了。"

他却不依不饶地说："为什么？这样穿不了几天，这鞋扔了多可惜。"

这时候我更加确定他看我是小孩儿，想多挣我的钱，我忙说："我的钱不够了。"

老头儿笑了笑，像没听见我的话一样，把完全修好的鞋用塑料袋小心地装好，递给我，说了句："赶紧回家吧，一会儿天黑了，你妈妈该等着急了。"

我的脸一下热了起来，感觉说不出的不好意思，原来并不是丑陋的外表就一定会有一颗丑陋的心，寒冷的天气里，那个破旧的棚子里还是挺暖和的。

放 风 筝

胡添林

当春风挂上树梢的时候,冬的零落也悄然褪去了。早上一起床就看见了窗外有几只飞舞的风筝,煞是好看。吃完早餐后,我按捺不住兴奋的心情,走出家门。

刚出门,我就看到了树远远地在向我招手,周围的花香沁人心脾,令人心旷神怡。突然,几只燕子从我的头上掠过,它们唱着轻快的歌,落在了电线杆上,为春天谱写了又一首新歌。

过了一会儿,我看见一个小弟弟在放风筝,觉得很有意思,真是"忙趁东风放纸鸢"。那位小弟弟看到有人来欣赏他的风筝技术了,不禁扬扬得意,于是把风筝放飞得更高了。

忽然,一阵疾风吹来,线从他的手中脱落。霎时,风筝飞走了,落在了远处的屋顶上。小弟弟伤心地走了,而我也在为小弟弟惋惜。

　　此时此刻，我若有所悟。人生何尝不是如此？在学校里，如果你认真刻苦，优异的成绩自然会和你做朋友。可是，如果你得意忘形，风筝的线一旦抓不紧，就会把握不了方向，最终迷离，失去自我。

　　现在我才认识到，当你成功时，绝不能轻易放松警惕，迷失自我。因为，只有握紧那根防止"风筝"远飞的线，才能实现自己追求的梦想。

　　我喜欢放风筝，更会紧握手中那根牵动着风筝高飞的线！

这 就 是 我

王 宁

本人姓王,单字宁,与新闻联播主持人王宁同姓同名。但他是个男的,我不与他同类。

在一个春暖花开的季节,我来到了这个世界。父亲可能爱看新闻联播,所以就毫不犹豫地给我起了这个名字。也不错,沾了哥们儿王宁的光,走到哪里,我自我介绍之后,大家总会说"和新闻联播主持人王宁一个名",自然也就容易记住我了。

幼年的我很顽皮,也很努力。两岁时,就能背诵我们王姓诗人王勃和王维的诗歌了。八岁时,又把王羲之的字帖请到了身边,老祖宗那苦练书法的故事和"飘若游云,矫若惊龙"的字体,一下子吸引了我,于是秉承王家家风,算是没有辱没祖宗。如今,我的书法也小有名气——当然是在我们班级中,呵呵。

七岁那年的夏天，望女成凤的父母把他们的女儿交到了老师的手中，从小聪明伶俐的我更是如鱼得水，在知识的海洋里遨游。嘿嘿，我一直在班级中保持着最靠前的名次。

如今，班里各路高手云集，要想再稳坐第一把交椅，还真不容易。你看，书桌前，台灯下，我手里握着笔，胸前摆着书，手托着下巴，紧皱着眉头，正在安静地思考着问题。墙上的钟摆在"滴滴答答"地宣布着时间的流逝，我却愿意与时间赛跑。晚上熬夜是经常的事情，我喜欢这个。因为在寂静的夜晚，当周围的灯光都渐次熄灭时，仍在翻书和写字的我并不孤单：窗外漆黑的夜空上有星星眨着眼睛和我做伴，窗户开着，风儿不时跑进来，轻抚我的面颊。我喜欢这样的浪漫。

我很乐观。瞧，学校的小树林中，那个正在狂跑着和同伴做游戏，时而大笑，时而尖叫的高挑漂亮的女孩儿，不是我是谁？呵呵，与同学们在一起时，我总是很开心，仿佛所有烦恼都与我无缘。在与同学们交往的每一件事中，我都能找到乐子，让我信心满满。但，不好意思，我也有一个小毛病，那就是乐过之后有时也会后悔，后悔自己没有像"淑女"一样笑不露齿，我正在想办法把这个缺点克服掉。

我很好强，总是希望把每一件事都做好，做得很圆满。班主任看上了我这点，让我做了"斑竹"。但烦恼接踵而至，这个打架了，那个需要帮助了……唉，做个"斑竹"尚且如此，想一想，做个班主任、做个校长、做个县长……我的天，那还不把我累死呀？

但说归说，咱怎么也不能向困难低头呀！不，应该这样说："我害怕困难，但我喜欢和困难做斗争。"当我们班在各项考核中争得第一时，我总感觉自己就是一个强者，是一个了不起的人物。

这就是我为自己写的一篇小传。我相信，在不久的将来，我还会为自己写一篇更优秀的自传。到那时，人们还会说我"和新闻联播主持人王宁一个名"吗？

我看不一定！

小河边的春天

李梦瑶

在春、夏、秋、冬这四个季节中，就数春天最可爱，我也最喜欢春天了。因为她每次来到人间，总会给我们带来许多礼物。看，春姑娘来了……

冬姑娘刚刚回到家，春姑娘就迫不及待地从天上来到人间，而且又带来了许多礼物和宝贝。瞧，她给小河妹妹带来了一件让人十分羡慕的钻石连衣裙。你看河面上那闪闪发光的不都是晶莹剔透的钻石吗？河里的小鱼一听说有钻石，都一个劲儿地争先恐后去争抢，有的甚至还跳出了水面！水藻也不甘示弱，竭尽全力把身体伸长一点，希望可以抢到更多的钻石。小蝌蚪摇摆着可爱的小尾巴，急匆匆地游来游去，却不是要抢钻石，好像在找什么。原来呀，它们是在找妈妈呢！

小河边还住着许多小伙伴呢，看到春姑娘来了，一个个地全都打扮起来。看，垂柳不仅把自己那长长的头发染上了漂亮的嫩绿色，还特意请春风这位热情的理发师给它剪了个非常流行的发型呢！完了还不忘借小河的镜子照一照，它可真臭美！小野花们也早早地梳完妆，换上了春姑娘送的七色衣，显得格外美丽。它们对自己的衣服非常满意，不然，怎么会笑得那么开心呢！

旁边的小草，可是早就按捺不住了。它看到伙伴们一个个打扮得花枝招展的，也急忙脱下了难看的黄大衣，换上了充满活力的绿制服，神气十足，精神倍增！这可是春姑娘特意为它缝制的。

"沙沙沙——"春雨也来参加这个盛会了，顺便给伙伴们洗洗澡。小黄鹂高兴地唱起了欢快的歌谣，唱出了大家对春姑娘到来的欢乐心情和对她的谢意。伙伴们也不约而同地为小黄鹂伴起了舞，欢快的春天交响乐和大合唱开始了……

大自然的春天开始了，人生的春天也开始了。大自然用交响乐去演绎春天，那么朋友，你将怎样去奏响你人生的春天呢？

屋　檐　下

张乐林

夜黑沉沉的，路上的行人已渐稀落，远处传来悠扬的音乐声。我沿着空寂的小巷踽踽独行，想去网吧一洗考试成绩滑坡的颓丧。可是还没走多大一程，雨便噼里啪啦地下了起来。我只好到一个较宽的屋檐下躲雨，雨的淅沥发酵着我的烦恼，我百无聊赖地扳着手指头，心里空荡荡的。

蓦地，一团白色的手电光照亮了深巷的一角。不一会儿，屋檐下又来了一位"伙伴"。我悄悄凑近光亮，发现这是一位眉清目秀的女孩儿，与我年纪相仿。她倚墙坐在屋檐的台阶上，借着手电的光亮全神贯注地看着一本书，身边还放着一副拐杖。我感到蹊跷，便向她打招呼，问她到哪里去。女孩儿先是一怔，但看到我满脸的善意后，嫣然一笑，说去老师家补课。我又问她腿怎么了，她说坐摩托车摔伤了。此时我明白了,她是怕落下功课去补课的。好用功的女孩儿啊!霎时,我心中油然而生一种钦佩。怕打扰她看书,我没再问。

雨,没有停歇,夜幕也愈来愈浓。黑黝黝的巷子里,只有雨的吟唱。我几次想冒雨跑掉,但瞥一眼她的影子,便打消了这个念头。尽管,我跟她萍水相逢,素不相识,但毕竟她是个女孩儿,我一跑,我想,她会害怕的。

突然,远处又出现一团手电的光亮,渐渐朝我们身边移来。虽然雨声淅沥,但在这静谧而空旷的小巷里,那急促的脚步声却显得格外清晰。显然这脚步声也惊动了这个女孩儿,她抬起头来,兴奋地叫起来:"老师,我在这儿呢!"光亮走近了,是位女教师。她看到女孩儿,关切地说:"小芳,你怎么在这儿呢?""我在家等您,不见您来,我想您今天一定有事。但我又怕耽误了补课,就准备上您家去。""我说过每天都会来给你补课的,怎么会不来呢?——你没淋了雨吧?"

"没有。刚下雨我就躲在这儿了。"

女教师走近女孩儿,牵起她的手,让她趴在背上,我忙拿起拐杖,递给女孩儿。

"谢谢你!你去哪儿?要不咱们一起走吧!老师带着伞呢。"多纯真的声音,是天使的声音。

"不,不啦!我,我还得等一位朋友呢!"我的脸一阵阵发烧,多亏了夜色,掩饰了我当时的窘。

"那我们先走了,再见!"

一阵坚实的脚步声在夜巷里消失了。屋檐下,只剩下一个心潮起伏的我——是刚才的情形在猛烈撞击着我的心扉。我振奋起来,不再徘徊了……

生命中的阳光

勾金萍

秋季,火红的季节,我站在主席台上眺望,一抹火红跳入了我的眼球,跳进了我澎湃的心中……

偌大的操场上空无一人,我站在主席台上仰望天空,朵朵白云在蓝天中嬉戏,鸟儿们在树间嬉戏,一片枫叶飘落,我把它接在掌心,望着那火红的色彩,我心中顿时涌起一股强烈的愿望——那是对阳光的渴望!

秋风乍起,卷起片片红叶,温暖的阳光洒满了主席台,我不禁流下了激动的泪水。

第一次站上主席台,在全校师生面前演讲的那天,我找到了生命中的阳光。从前的我是个"胆小鬼",从不敢在大庭广众前演讲。那一次,我终于鼓起勇气,参加了演讲比赛。

在后台,我十分紧张,拿稿子的手哆哆嗦嗦,上下牙也直"打架"。我倚着墙,想要找一点依靠,可是,和墙来了个"冷冷"的拥抱。

不知怎的,腿好像不听使唤了,晃悠悠的,像是要摔倒一样,我深吸了一口气,告诉自己:"你一定可以,加油!"我努力平静下来,看见一片枫叶从空中飘落,我抬头仰望,顿时被温暖的阳光所包围。一缕缕的阳光洒落下来,它们好像在鼓励我。我顿时放松下来,迈开脚步向主席台走去……

伴着阳光的温暖,我一口气演讲下来。台下掌声响起时,我的泪水也洒落下来。这时,我朝遥远的天际望去,火红的太阳在向我招手,似乎告诉我:"自信可以战胜黑暗,自信可以拥有阳光!"

秋季,火红的季节。那缕缕阳光至今还留存在我的心房!

留意小小的风景

留在心底的风景

王 莎

风儿握住了树梢,就像我遇见你,晨光熹微里播种梦想,星光斑斓下晕染希望,谢谢你,那株逝去的野菊花。

小时候的我,贪玩、调皮,令父母头痛。每次放学回家,总是把书包一丢就往外跑,"我玩去了,你们别等我吃饭!"话音未落,我早已不见踪影。父母只能在身后呼之奈何。一路疯玩,惹是生非,调皮捣蛋,无所不能,直到肚子饿坏了才想起回家。学习成绩也是一路下滑。看看哥哥、姐姐在班内优异的成绩,我也只能暗自羡慕。

一次考试,又没有考好,但我依旧欢快地跑回家。妈妈很生气地对我说:"你平时光知道玩,看看你的成绩吧,都成倒数了。和你哥没法比,成绩再下滑的话,回家帮忙干活算了。"我的笑容凝固在脸上,转而是惊讶,最后是难以接受,没有想到平日慈爱的妈妈说出这样的话,泪水溢满了双眼,一气之下,我跑出了家门。

那时正值秋季,田野显得空旷而寂静。沿着田间小路,我不停地跑,直到精疲力竭才停下。伏下身子大哭起来,像被遗弃的孤儿一样无助。突然,我发现在我的脚下竟有一株小小的野菊花,黄黄的花瓣小巧玲珑,在风的吹拂下跳着舞,自信而又欢快。蓬勃的生命气息一下子震撼了我。可仔细观察后我才发现,它的花瓣竟然残缺不全,仿佛曾经被季节无情地摧残。可它为什么还顽强地生长在荒郊野外呢?对,一定是它有着属于自己的梦——向天空展示自己的美丽!

我又想到了自己。虽然受到了挫折,但我的路还很长。只要积极应对,做出改变,我也可以像野菊花一样证明自己!想到这儿,我开始悔恨自己以前的不懂事,更为这次离家出走感到羞耻,如此逃避责任,我怎么才能长大?在父母焦急等待的目光中,我回到了家中,并决定努力学习。从那以后,夜晚灯光下又多了一个勤奋学习的身影。功夫不负有心人,在接下来的考试中,我取得了班里第四名的成绩。我捧着成绩单,再次来到曾经哭泣的地方,却再也找不到那株野菊花了……

记忆在慢慢消逝,而那株在风中舞蹈的野菊花一直留在我的心底,不断鼓励我,怀揣梦想,积极进取。它已成为我心底最美的一道风景!

小 老 板

李乾乾

我拎着装满空瓶的篮子，来到小商店前。在各种商品的包围中，一个小小的窗口作为柜台。我把篮子放到"柜台"上，里面一个四十岁左右衣着不整的人招呼道："买什么呀？""四瓶啤酒，四瓶汽水。""把空瓶放那儿吧！"

一个人从屋里大摇大摆地走出来，原来是个和我差不多年龄的男孩儿。"买什么？自己拿吧！"一副爱搭不理的劲头。我并没介意，低头自己拿了汽水、啤酒，站在他面前问道："多少钱？""汽水一块五，啤酒两块八，各四瓶……"他转过脸认真地计算起来。其实价钱我早算出来了，只是为了不侵犯主人的权利，才让他动动脑筋。

借着这工夫，我细细地打量起他来：个儿不高，长得很清秀，头发修饰成很新潮的造型。一副黑金属丝的小眼镜架在鼻梁上。他的衬衫外面是一件高级的西服马甲，再加上肥肥的西裤和老板鞋，俨然是一个小老板。只见他这时两手插兜，稍息而立，眉头紧锁，更添了副小老板的派头。

待我端详了他一通，他才抬起头，颇自信地说："十六块二！""十六块二？"我立刻反问道，心里暗暗好笑：要是你当老板，两个月不到，你这讲究的一身儿就得卖了换饭吃。听到我的反问，本来颇得意的他愣了一下，便又转过脸去，托着下巴思索了好一阵，才用犹豫的口气试探地答道："十七块二。"

真不容易！我朝他笑了笑，算是表示祝贺吧。他的脸红了，也不好意思地朝我笑了笑，收了钱，低头钻进了商店。

我战胜了自己

黄紫青

成长的道路是曲折的,总是充满机遇和挑战。当你拥有机遇,挑战成功时,你会觉得,人生是如此美好。

我是一个胆小的女孩儿,从来不敢到台上发言。可能是班主任为了锻炼我,这次开学典礼竟然让我代表六(3)班发言!我如接受了重大使命一般,<u>丝毫不敢怠慢</u>。

开学典礼如期举行。同学们陆续走进会场,按序就座。我的心如一匹受惊的野马在身体里乱蹦乱跳。"你没事吧!"好朋友左尤尉关切地问。"没事,没事。"我极力掩饰紧张的心情,想用轻松的语气捂住快要跳出来的心。

"下面请六(2)班学生代表发言——"主持人甜美的声音飘过耳际。我的心像一列高速疾驶的列车,"咚咚咚"地跳个不停。下一个就轮到我了,要是我上台出丑了怎么办?如果我中途卡壳怎么办?五百多名学生啊!那该多丢脸啊!瞧六(2)班发言的女生,她怎么就那么从容、那么镇定呢!

"谢谢大家!"一个洪亮的声音打断了我的思绪,轮到我了。豁出去了!我深吸两口气,清了清嗓子,快步走到台上。上台一看,天啊!台下黑压压的一片,五百多双眼睛盯着我,好像五百多只蚂蚁在我身上咬,浑身不自在。箭在弦上,不得不发啊!我努力调整自己的状态,在深呼吸数次之后,音响里传来我略带颤抖的声音:"尊敬的老师们,亲爱的同学们……"我偷偷窥视着六(3)班的同学,只见他们面含笑意,用充满鼓励的眼神看着台上紧张万分的我,似乎在说:别紧张,我们为你加油!此刻,我顿觉信心百倍,底气十足,语调也清晰、自然了:"我代表六(3)班……谢谢大家!"

伴着雷鸣般的掌声,我的演讲获得了成功。班主任向我竖起了大拇指。我长舒一口气,迈着轻盈的步伐,缓缓走下台来。抬头望望蓝天,感觉是那么舒畅。

感谢老师给了我这次挑战自我的机会,我庆幸自己接受了挑战,并战胜了自己。我想,只要不断去挑战自我、战胜自我,就一定会看到我生命中最美丽的地方——属于自己的那片蓝天。

向考试笑着说再见

刘瑛琪

中午和母亲击掌喊了三声"胜利"才笑着跑出门。我的胸膛里充盈着一种奇特的滋味,既忐忑又兴奋,矛盾地在心里嗡嗡地要飞出来似的。可是我知道,这样的自己是快乐的,每一根神经都悬在最亢奋的点上,密密地染成欢喜的颜色,我匆匆奔赴的绝不会是失败,而是在燃烧中重生的胜利。

第一科考的便是数学。靠近窗子的同学从三楼向下看着,然后扭回头来报告:"老师拿着考卷走过来了——哎呀,要进楼门了——"我拼命地按着手心,舔着发干的嘴唇把桌上的文具一样样地打开放好,在心里告诉自己:已经败了一次,老天不会让你再跌一跤的,更何况不及格的路都走过,又怕什么更惨的分数呢。卷子一排一排传过来的时候,教室静得出奇,甚至能够清楚地听见卷子翻向后面的题时急躁而颤抖的声响，哗啦哗啦，使我莫名地想到正午时分的海岸，寂寞地回响着波涛的海岸，海水一下一下地漫上来又急急地退回去。我会一直留在海边，还是被海水卷进无法预知的深渊呢？

我开始低下头来答卷了，甚至仓皇得连名字都来不及写，便着笔在那一道道题上了。在补习班小考那几次，都是紧赶慢赶还是没有答完，所以拿到卷子的第一个念头就是我一定要答完。题目倒也对得起我付出的苦心和眼泪，只偶尔跳出一两道难题，却也是不久就能攻克的。我久悬着的心终于渐渐地放下，恢复了一种寻常的跃动。可是渐渐到了后面，一旦被卡住几分钟，我的心头就是狠命地一惊，不由想起期中考试时那个满头大汗最后愤然放弃了的自己。我拼命地让自己回到每个上数学课的下午，看着年迈却睿智的老师坐在讲台上，看着午后的阳光洒进有点古老的教室，看着桌子的沟壑里镌刻着的不同故事，然后渐渐把卷子上的空白填满。思绪像是墨水似的从笔里冒出来，一个又一个地跑到卷子上去。会有人对我说不必着急，老师会解答我所有的疑惑，会给我所有苦思冥想的答案。老师在开门，反反复复地好几下，门像是不耐烦似的发出"咯吱咯吱"的响动，同学们先是窃笑，接着便是极不耐烦地叹息。不知是那声叹息与我隔得太远还是本就短暂，统统在未有余音的时候就仓促地收起。或许答数学卷的时候让每个人感觉时间是需要精确计算的吧。

我最后一次看手表时，刚好是三点，铃声恰在耳边作响。并不刺耳并不急促，大家还是叹了一口气，所有的说笑和议论都渐渐响起，教学楼像是睡了一觉而终于在这声召唤里醒来。我看着收卷的人一路走过来，还夹走了我的一张草稿纸，不禁兀自地笑起来。我知道结局已经尘埃落定，再难过再悔恨再彷徨都无法改变。那么，就让我笑着说再见吧。

秋天的赌注

朱雨桐

深秋里的一场赌局,我输给了母爱。

和妈妈买了一些水果,准备去看外婆。于是我忙活了半天,找衣服,搭配鞋子。最后决定穿短裤,靴子,配上一款长衫。我站在镜子前,照呀照。

妈妈说:"你穿太少了,会冷,今天降温了,得穿上毛衣了。"

"没事儿,走两站地就上车了。"我应付着妈妈的话,依然在镜子前左右环顾着自己的美。

妈妈没再理我,只是打开柜门又找了件大外套套在了她的大毛衣外面,然后夸张地围上她的大围巾。看着妈妈的样子,我乐得肚子疼,还没有到冬天呢,妈妈就把自己捂成笨笨熊的样子,真难看。

妈妈扬眉翻眼、铁齿铜牙地说:"一会儿你就知道外面多冷了，别找妈妈救你。懂得保护自己和懂得爱别人一样是美德，你需要跟妈妈学的事儿多着呢。"

我就不信了，能冷到哪儿去！

终于出发，下楼走到街上，冷风直往衣服里钻，像把冰锥，扎得我肉疼。本来身体上那点儿热乎气儿，没走多远就散发没了。我有些后悔，这还没走上一半的路程，我已经冻得瑟瑟发抖，感觉如果把手贴在地面上，大地都会跟着抖三抖。

可是我不能说，说出来了妈妈就会很得意吧，说出来，那我就输给妈妈了，她又要说我需要跟她学的事儿多着呢！

坚持走完一站地，我感觉自己惨白的脸上仿佛铺了一层霜，满脑子都是卖火柴的小女孩儿，我甚至看见了那温暖的大火炉、蹒跚走来的烤鹅……

一件大衣披过来，紧接着一个大围巾缠住我已经快僵硬了的脖子。那上面还存留着暖暖的体温。

火柴灭了，小女孩儿看到了慈祥可亲的奶奶，这样的幻觉笼着我的心思，我恍惚看见妈妈走在前面，只是身上的大衣和围巾都不见了。

我窃笑，妈妈还是输给我了，求着我穿她的衣服，证明她穿多了，热了。

很快买票上车，我蓦然看见妈妈脖子上的一道疤，她的伤怕风寒，可我早就忘了。

我们的赌注是什么呢？我的年轻？妈妈的笨拙？不，都不是，是妈妈的爱。

我知道，我一直在输，输给了母爱。

买　笑

沙琼瑜

一天，我从作业本堆里拔出头来，看见镜子里我的脸——呆板木然。我努力想笑一笑，却意外地发现我不会笑了！我慌忙给老友打电话求助。他给了我"专营各种笑"的商店地址……

当我推开店门，亭亭玉立的礼仪小姐朝我送来了迷人的微笑，亲切地问候道："小朋友，需要帮助吗？"我点了点头。

"你要买什么笑？是要买自信的笑，奉承的笑，还是自然的笑，可爱的笑……我们这儿的产品物美价廉，各种笑应有尽有！"礼仪小姐的话似乎施了魔法似的，使我情不自禁地掏出了口袋里的零花钱，一下子就买了三种笑。于是，我就带着一种莫名其妙的感觉走在回家的路上。

第二天，我带着刚买的三种笑来到了学校。老师通知我要参加大队委的竞选演说，我当时很是紧张，担心自己在关键时刻控制不好自己的面部表情怎么办。心情既新奇又紧张的我想起了笑。对！我正好把"自信的笑"用上了。我看着上面的说明，一步步地做着：先用手指沾适量本产品涂于酒窝部，再用掌心轻轻铺开揉匀，哇，一种舒坦的感觉马上在全身弥漫开来。演讲时，那一个自信的笑代替了紧张与忐忑，感觉不错。当然，最终我也如愿当上了大队委。

正当我沉浸在极度快乐中时，妈妈告诉我晚上有客人来吃饭，可是我最烦的就是家里来客人了。在饭桌上，爸妈的吹捧，客人的奉承，使我讨厌。每次我脸上一流露出不满，就招来妈妈的责骂。现在，我可不怕了，我快速涂上"奉承的笑"，皮肉开始放松。开饭了，当大人们开始互相吹捧时，我就用奉承的笑去应付他们。饭后，妈妈开心地对我说："你今天表现得真不错，好像换了个人似的。特别是你的笑，非常讨人喜欢。为了奖励你，这星期的电视你全都可以看。"

又过了一天，我们班开展了一项社会实践活动——摆摊。也就是把自己的一些旧东西拿到街上去卖，所得的钱捐给爱心基金会。这可怎么办？就在那人来人往的街上叫卖，被熟人看见了多没面子呀！我正在为这事烦恼时，手刚好插进口袋，这下我安心了。于是，我顺手拿出了"自然的笑"，涂了上去，开始吆喝："走过路过，千万不要错过！快来买啊……"结果可想而知，客人多得不得了，我班的任务出色完成！

当天傍晚，我正想去抹笑，可盒子里已是空空如也。我慌了神，跑去商店，还想买更多的笑。可是那家店已经关门了。

今晚，不笑了。

风景依旧

韩 超

我喜欢乒乓,喜欢那富有节奏的跃动,宛如音符在跳动,一次次令我年少的心为之颤动。

从小便有了这个梦,这个乒乓之梦,我一直坚信它会成真。

也许是幼时的步法不够灵活,队友的进攻一次次令我手足无措,我不得不将球拍搁置,搁置在那黑暗的角落。

我不想让心哭泣,可又怎么对待这次的失利?为什么,忧伤总是期待的结局?渐渐地,窗外透过几丝冷冷的阳光,刺眼也令人不安。在书柜前漫无目的地翻着,马琳又一次映入我的视线,这位乒坛的健将,劲爽的英姿在我眼前浮现,一个个坚持的动作在他的手中抛出。他是一曲坚强的赞歌。幼时的马琳训练条件极为艰苦,不是唯有乒乓球台的专业场地,而是堆满了其他杂物的地方,唯有一张乒乓球台，这便是他梦想开始的地方。唯有乒乓，令马琳坚持训练而不松懈……

我的心在震颤，那是怎样的风景啊！

我再一次拿出球拍，这球拍仍旧那样令人心驰神往。轻轻擦抚，抚去表面的尘土，黑色与红色的拍面宛如丝绸般富有质感。再次握起球拍进入球场。乒乓球在我拍下，旋转，跳动，一次次划过优美的弧，但想着那风景，滚烫的意志在酝酿。我长舒一口气，全力以赴乒乓，全力以赴每一场比赛。

随着努力，纵然手指间也出现了老茧，纵然每场比赛都筋疲力尽，但是我的球技有了飞一般的进步，而马琳便是留在心中的风景，是他的奋进给予了我力量与希望。

留在我心底的风景，我将永远保存，珍惜！

眺望西湖

马 铭

华夏在那个夜晚被喜庆的红色沸腾，西子在那个薄暮一如既往地燃起一脉绚烂。

年根底，我和朋友一家怀着敬仰和膜拜，飞往杭州，初访西湖。

房间位置不错，窗帘尽开，那饱蘸笔墨的西湖便铺排在眼前。初到的两天，杭州正被一层碎雪覆盖，湿冷的空气弥散入蒙蒙山雾，恰如扯展一条透明的丝绸闲闲地披在肩上，没有什么生机可言。

失望冲淡了来到异地、摆脱束缚的欣喜，没有释怀的鲜绿和墨色，没有促人怜香惜玉的粉荷。西湖似乎只是一方湖水，架着几座桥，苍老的回顾那些美好的传说。

大年三十那天黄昏，从外跋涉了一天回归，不知如何歇足，翻身侧躺，帘子未拉起，辉煌与悠然竟恣意流淌。

没有昨日薄雾的弥漫，山的脉络在山水的末端被淡淡地勾勒，西湖无波，像一位欲睡的少女，静静躺着。夕阳不愿这热闹的一天，就这样淡淡地收场，它点燃了自己！灿灿的金芒，与如酒枣般醉意的红交织在一起，向上烧起了闲散的云，灿烂了那方苍穹；那绯红向下浸入湖水，偕同粼粼的水波呈现出纵跨整湖的绚烂。左侧的西湖还在恬静地睡着，不知这方天地已被残阳燃起。残阳铺水，半江瑟瑟半江红。

我坐了起来，呆呆地看着隐隐约约的山影一点点吞没那如火如焰般的夕阳，越沉越发迷人，虽柔和了许多，但这份难觅的激情后的悠然，伴着西湖沉沉地睡去。

台前，龙井茶香袅袅。那笔笔黛痕，或篇篇玄艳的陈旧梦境已悄然淡化，恍惚间醒悟，临窗而卧的就是西湖，可跨越千年凡俗的意境在暮色降临时被一抹残阳取代。

或许她难以点出整个西湖，但她尽力了，虽说在那一边无人知晓，但总有一双双关注的眼睛从适宜的角度投去脉脉惊羡。

残阳如此，人亦如此。

空白，也是一种享受

陈　爽

一边是婀娜多姿的垂柳在柔风中裙袂风扬，翩然起舞，一边是干净高大的白楼在阳光下窗明墙净，安然不动处其间的却是空白——这片冰冷的水泥台。

那本是属于我们院的，却因要道路拓宽被割裂出来，但后来就再也无人问津了。就这样这里成了一片空白，既不属于我们的院子，又没有变成马路，就这么尴尬地搁在两者之间，水泥台上满是或深或浅的裂纹，旁边有一些残破的砖和赤裸裸的一排土地。

每天就会看着这片格格不入的空白。曾经甚至不厌其烦地问门卫老大爷什么时候拆，等来的每次都是老大爷的摇头和满心的失望。夜晚回家时，银色月光洒上清辉，则越发阴森恐怖。

直到一天看到几个小孩儿在水泥台上挥舞着手乱跑，

在玩警察捉小偷的游戏，玩累了坐在台沿上聊天，其中一个不由自主喊：

"啊，这个台子真好！"

另几个立刻附和起来：

"是呀，要不我们都没地儿玩。"

"呵呵，晚上有时还有摇爆米花的咧，可香了！"

听着他们由衷的赞美，我放慢脚步，心中大为不解。居然有人喜欢这片空白？会这么幸福地去享受它？

于是我开始重新审视这片空白，渐渐地发现这并不像我想象得那么糟。旁边那排荒土地上长着一些扫帚草，还有几只爬山虎嫩绿的触手；经常会有几个老爷爷蹲坐成一圈下棋，享受着密不透光的高楼林立间仅能渗进来的阳光；放学后孩子们会在这里奔跑；遛狗的人们也青睐这片空白……仿佛除了我，每个人都在享受这片让我厌恶已久的空白。

这片空白并不是山水画中那样意境优美让人无限神往的留白，也不是琵琶曲中"此时无声胜有声"使人遐想的静音，它只是规划部门的一次失误。看似格格不入，却为人们带来了无尽的快乐，教会人们去享受闲暇，享受阳光，享受生命。

那天夜里回家，银白的月光洒满那片空白，昏黄的路灯下，桅杆的影子印在空白上，一只敏捷的黑猫横穿过这光与影的交汇，我屏住呼吸，为眼前的宁静所震慑。一切都那么熟悉，却又出乎意料地和谐。让人沉醉的美丽。

也许生活中的确存在着或大或小的空白，它们正是上帝在人间的留白艺术。何必去嫌弃厌恶它们？不妨换一种眼光，不妨换一种心态，像吟诗赏画般去看待它们并感恩于此。

你会渐渐发现，空白也是一种享受。

听话的电梯

尚靖武

家住七楼，上下楼都要坐电梯。电梯很方便，但有时你有急事，它却像老牛一样不慌不忙、慢条斯理地逐层挪动，真让人着急。我喜欢电梯，可我实在不愿意等电梯。

每天放学后，我都急切地想快些到家，可口的美食，舒适的沙发，还有那诱人的足球新闻，都向我发出召唤。我恨不得脚下生风，箭一样射回家中。可往往等我打开单元门，跑到电梯前，总看到电梯停在别层。我只有无奈地按下按钮，等着它一层一层往下晃。我无聊地将双臂抱在胸前，眼睛一眨不眨地盯着指示灯，心里默数着"5、4、3、2、1，开。"指示灯的变换总慢于我的计数，我不耐烦地拍打着那个恼人的按钮，或低头找个诸如小石头、纸屑的东西作射门状……我急切的心被如此考验一番，电梯才会慢慢张开它的怀抱。乘这样的电梯进了家门，我夸张地举起双手作暴怒状:"我讨厌死了等电梯!"近来,我突然发现,电梯"听话"了。每天放学回家进入楼道,电梯都像专门迎接我一样候在一层。我只需用手指轻轻一点,电梯门就会洞开,这让我开心不已。时间久了,我感觉有些奇怪,莫非我遇上了善良美丽的田螺姑娘?妈妈笑着对我说:"我儿学习辛苦,连电梯都照顾你,说明你运气好,有福气。"这样的解释让我好不得意,也释然了很多。

那天,放学回家,咕咕叫的肚子催促我往家赶,猛然想起妈妈今天有事不在家,那谁为我准备晚餐呢?大步流星赶回家门口,却发现有什么不对劲。对,是电梯,电梯破天荒没在一层"等"我,居然停在了十二层,看来,今天我运气不好。

慢慢地,我发现了规律:妈妈在家时,电梯总能按时迎候我的归来;妈妈不在时,它就不听话地候在别的楼层。

从姥姥那里,我找到了谜底:原来妈妈摸准了我回家的大概时间,总在窗口张望,看到我的身影后,就去电梯间按下一层的电钮。等我进门时,电梯正好运行到一层"迎接"我。

原来,世界上本没有什么田螺姑娘,有的是时时刻刻注视着自己的妈妈。

再见，懦弱！

段禹彤

我们生活在光明与黑暗交替的世界里，谷底连着巅峰，巅峰伴着谷底。我们的一生漂流在无尽的长河里，风平浪静中面对狂风骤雨，激流险滩后又停靠避风的港湾……世事难料，前路曲折，这不是老生常谈——我们生命的每一分、每一秒，都在不停地变化。

人的一生，最大的意义就是在困难当前时，报以安然而沉着的微笑，说："你好，困难。再见，懦弱。"

"再见，懦弱。"可知这世界上有多少事物履行了这一句话。蜡梅说过，于是它可以抵御严寒，傲立一方；奇松说过，于是它可以无视险峰，独孤求败；清风说过，于是它可以不惧天地的威仪与广袤，聚散随性；我们同样说过，于是我们可以在谷底攀登巅峰，可以在风雨中向往港湾；可以在失意时微笑，可以告诉困难——我，早已告别了我的懦弱!

不能攀登山峰,不是因为山太高,而是因为我们心中的懦弱;不能乘风破浪,不是因为水太急,而是因为我们意志的懦弱;不能仰望蓝天,不能笑对逆境,不能毅然前行……这些都是因为我们不能抛弃自己的懦弱。

谁不向往更雄伟的山巅?谁不憧憬更广阔的天空?但为什么换来的常常是事与愿违,而总不能梦想成真呢?是因为我们没有勇气,没有决心,没能以坦然的心情去应对一切逆境,没有微笑着说出"再见了,再也不见了,懦弱"。

世事总难料,这是我们不得不承认的。不论是谁,面对困难的时候,总免不了担心、害怕,也总会在本性的驱使下,企图逃避。想要做到告别懦弱,其实并不容易。因为现实总是一种挑战,我们的一生,几乎都是险滩,而避风的港湾,往往只是生活的极其微小的一部分。因此,"再见,懦弱",并不仅仅是一句简单的话,更是需要我们用一生去实现的未来。所以,无论何时何地,都请不要忘记——

微笑,然后说:再见,懦弱。

遥望群山

张 彤

我站在群山之巅,乘着环绕升腾的云雾,遥望绵延挺立的群山——啊,这似曾相识的景致,这恍似泉涌的心绪!

天蓝,山青,一青一蓝,这色彩,是不可侵犯的寒,还是深入人心的暖?想不尽,猜不透。就像这山的形象,忽而有慈父一般广博的胸怀,可以容纳天地,转眼间却又缄默不语,好似不能靠近的智者。群山!我曾投入你温暖的怀抱,聆听你的心声,梦想和你融为一体。今天,我却站在这巅峰,突然间发现了你的陌生——你威仪,雄姿可畏,但我找不到你那熟悉的温暖。挺立,此时的你,只有孤傲地挺立!

是的,你容不下任何炫目的色彩,甚至容不下一切华丽的事物——我在遥望你,却看不到流淌在你怀中的清泉。我明白，那是因为你无法接受它在阳光下的熠熠生辉，便用绿色将它埋没，夺去它的光芒。

然而，我似乎懂得你的心——

似暖似冷的气质，是你与生俱来的肃穆以及外界变迁所造就的。你目睹暴雨狂风，眼见电闪雷鸣，你希冀的是与蓝天相呼应。所以，你必须威严，必须有压倒一切的气场；但你本性的敦厚却让你愿意去无声地关心每一个接近你的事物。我想，这才是你真正的气度，英雄的气度！

你遮盖华丽，却从不扼杀它们，因为你热爱着质朴，更因为你明白，愈是夺目的事物，愈是容易泯灭——所以我知道，你刻意地掩盖，其实是最为纯朴的庇护，你不解温柔，因为你是阳刚的化身，但你的一举一动，总能叫人感到无限的温暖。

我遥望着你——群山。我发现我终于读懂了你，读懂了隐藏在安详、稳健与威严中的亘古不变的温柔。我热爱着你，我愿沉溺于你独特的关怀中。

我愿永远永远地遥望你。

永恒的快乐之源

段大木

茶之苦——初识文学

最初认识文学,并不是想象中的绚烂与美丽,就如俗话所说,"万事开头难",在文学与我的那一次交谈中,没有悠扬出彩的笔调,亦没有平平仄仄的韵律;稚嫩的语气,生涩的文字,是我那时所拥有文学的全部。

如今我一步步地走近了你——文学,你不是金碧辉煌的幻境,而是一片需要靠自己的双手去栽培美丽花朵的土地,是一个等待着开垦的地方。

茶之香——理解文学

我同文学，相伴至今，也成了形影不离的朋友。

文字对我来说，早已不是一种单纯的记录工具，而是一份送给自己的礼物，是值得去珍惜、欣赏的一件艺术品。我也真正在自己的心中建立起了文学的形象——一切的文字，不论其华丽与否，表达的都是一种心情，写自己所思，书自己所想，才是美丽的。

文学的天地，是一片自由的蓝天，任何一种美的思想，都能在这里幻化为一只飞鸟，尽情地翱翔。就像这一杯穿越了苦涩、消散了浓香、留下了醇厚的茶，慢慢地展现出了它更让人沉醉的那一面。

茶之恒——相伴文学

不论今后的路如何选择，不论命运将为我打开哪一扇门，我都愿让文学与我长伴一生，让她充实我的内在，保存我的足迹，也让我在她那无垠的土地上耕种起那一份希望。文学的怀抱，是我没有拘束的自留地，是我永恒的快乐之源，是手中那杯带来无尽回忆的普洱茶。

不敢，那就算了吧

陈庆胜

小时候，奶奶总爱对我说："胜胜，你上小店还要奶奶陪，真是个胆小鬼。"这一点，我不否认，奶奶说的没有错，小时候的我什么都怕，怕小店的阿姨，怕邻居王叔叔，甚至怕和我一起玩耍的小伙伴。

"妈妈，小真子又揪我的头发了！"我常常憋了一肚子气去找妈妈。"那你揪他啊！"妈妈总是这么一句。"我不敢，小真子比我壮多了。"我胆怯地说。"不敢，那就算了吧。"妈妈也总是这样回答。我那么郑重，妈妈却那样若无其事，简直伤透了我的心。

终于有一次，小真子又来那一套，他又揪我的头发，这时，我又想去找妈妈，可我耳边又回响起了熟悉的那句话："不敢，那就算了吧。"我此时气愤到了极点，我鼓足勇气，决定做一回"真正"的男子汉。我冲上去，狠狠地揪了他的头发。"妈呀!"小真子一屁股坐在地上。我怒视着他那可怜的样子。他难以置信地望望我,爬起来,愣愣地走了。谁说我"不敢"?怎么能"算了"?小真子从那以后再也没有揪过我的头发了。

还有一次,老师在班上说学校下星期要举办数学竞赛,要是谁有兴趣可以自愿报名。我心想:自己平时数学也不错,这次好机会来了,正好可以展示一下。可我不敢。放学回家,我把这件事告诉妈妈。妈妈听后,忙说:"这可是个好机会,那你就报名。"可我又胆怯地说:"我不敢,我怕考不好,同学会笑我。妈妈,你帮我拿个主意吧。""你都这么大了,自己还不会拿主意。我看,不敢,那就算了吧。"妈妈又来了这么一句。当时,我真想和她吵两句,她竟这样对待我的事。

晚上,我一夜没睡着。第二天,到了学校,我到办公室去找老师,我胆怯地说:"我想参加数学竞赛。""哦,是吗?好好准备一下吧,下星期举行,要加油!"老师显得很高兴。走出办公室,我如释重负。我想,考得好不好并不重要,重要的是我没有放过这个好机会。一眨眼,一星期过去了,激动人心的时刻来临了。这次竞赛,我拿了全校第三名,我再没有像以前那样坐在台下羡慕地看着别人拿奖。我为我的选择高兴。

偶然的一次,在整理房间的时候,看到了妈妈的日记本。翻开日记,有一句似曾相识的话:"机遇是不会找你的，只有你去找它，但你要付出勇气，如果不敢，那就算了吧。"一瞬间，我终于明白了妈妈那句话的含义。

每次遇到挫折或有一些自己拿不定的主意，我总想起妈妈的那句话："不敢，那就算了吧。"这时，我便大声地对自己说："敢！"

由此，我悟出一个道理：在人的一生中，有许多困难和挫折，当你面对它们时，不要畏惧，要有勇气和信心，去一步步地战胜它们，这样，才不会让自己失望。

春天的新生

张丽丽

春天是诗的季节,梦的家园。当寒冬在最后一场风雪中隆重谢幕时,春天悄无声息而又轰轰烈烈地来了。

最先感受到春天温暖的是小草。柔嫩鹅黄的他,在大地母亲温暖的怀抱里挤开一点缝隙,探出尖尖的头,试探着张开毛茸茸的眼睛。也许是睡的时间太长了,和蔼的阳光一开始有点儿刺眼,后来他慢慢地适应了,使劲地挣了挣身子,眼前一片光明。小草高兴地欢笑起来,笑声银铃般动听。笑声震动了他的身子,也惊动了所有的小草,呼啦啦冲到他的面前,差点儿把他撞倒了。

经历过风雪考验的鸟儿们用最热烈的拥抱、最欢快的乐曲迎接远行归来的燕子,春天成了歌的海洋。春风也带来了沙沙的春雨。春雨是个爱热闹的少女,笑着,跳着,时而奔跑,时而蹦跳,调皮地叫醒了酣睡的大地。多情的鸟儿夹道来迎接她，她却不小心弄湿了她们的霓裳，鸟儿们发出了清脆的笑声，夹在春雨里，混在春风里。

春天是多彩的世界。春雨唤来了俏丽的春花，春草却引来了漫天的风筝，把春雨好不容易才洗干净的蓝天，涂抹成一块五彩斑斓的调色板。春雨生气了，躲到了遥远的天边，春风想拉她一起玩，却招来了一群不知疲倦的孩子。

温暖的大地孕育着生命，甜蜜的梦就在这张大床上生长。花儿竞赛着美丽，鸟儿炫耀着旋律，树们暗地里较劲，生长着希望。

没有人去阻挡春天的脚步，也没有人可以阻挡春天的脚步。带着青春的朝气，和着激越的节拍，春走过大地，大地一片绚丽；蹚过河流，河流充满鼓励；越过高山，高山满是青翠；冲上云天，天空飞起梦想。

梦想在每个人心里酝酿，直到你的心里长满香草，开满鲜花，沐浴着春风和春雨，成长为一棵结满果实的伟岸的树。

爱，如此简单

倪丹琳

也许是忙碌的日子沉重了原本轻松的心，也许是喧嚣的街市扰乱了我欣赏美的心情，我总感觉生活平淡得像一杯白开水，需要加点糖来调味。

总感觉空气中夹杂了些许的冷漠，让人难以呼吸，让我整个人都暗淡下来。

我想：出去透透气吧，放松放松心情。

天阴沉沉的，看来快要下雨了，大家都匆忙地赶着路。我一边拨弄着路边的枯柳条，一边漫无目的地瞅着。红绿灯那儿，一辆黑色的轿车疾驰而过，就在那一瞬，我看到两个行人不约而同地伸手拉住了对方，向后退了一步。

我的心为之一颤。

想看仔细一些，我走上前去，高一点的穿戴很高贵，三十多岁的样子，矮一点儿的却是农民工打扮，他的背佝偻着，或许年纪不小了。

他们是父子？朋友？还是根本就素不相识？这些对我来说都不重要，我只知道他们同时伸出的手给了我最原始的感动和震撼。

雨，落了下来。

我呆呆地站在那儿，脸上湿漉漉的，风吹来，身上凉凉的，心里却暖暖的。他们的身影渐渐小了，模糊了，或许他和他并不知道这么一个简单的动作，却温暖了一个陌生的心灵。

雨越下越大，我躲进了旁边的副食店，店主是一位四十多岁的中年妇女。

她见我落汤鸡似的模样，友善地递给我一块毛巾，说："给，快擦擦吧，小心冻感冒了！"我接过，笑了，说："谢谢阿姨！"她也会心地笑了……

人与人之间，缺少的不正是这样一种关爱吗？

这件事后，我明白了人与人之间就应该互相帮助，彼此关爱。如果每一个人都能做到这一点的话，我相信，我们世界的每一个角落，都将有爱的影子。

站在老槐树下

阎世元

站在老槐树下,面对着老瓦屋,我的心中一时间像打翻了五味瓶,不知是终于又谋面的冲动,还是久别又重逢的喜悦,突然有一种回家的感觉。想起几年前在奶奶的叮咛声中,流着两行热泪,少年的我被父母接回了城里。几年的思念后,今天终于又重逢。

经过时光几个春秋无情的侵蚀,老瓦屋已失去了往日的活力。波浪一样的瓦沟布满了杂草,两扇笨重的房门密布着裂痕,像老婆婆额头上深深的皱纹,两扇窗户也早已失去了往日的光泽……老瓦屋真的"老"了。

在夕阳下,在温暖的余晖中,老瓦屋显得格外温馨。我轻轻推开门,怕惊扰了老屋,惊碎了它的梦。梦里珍藏着我的童年。同样是这样的傍晚,我领着小狗在老槐树下玩耍。老瓦屋里飘出了缕缕炊烟,奶奶在屋里轻声喊我的乳名，唤我吃饭。我蹦跳着拥入奶奶的怀抱，在晚风中享受着我的美味。

当我抬脚迈进门槛的一刹那，一种久违的感觉涌入全身，到家了！门后那把大板凳静静地躺在角落，默默地注视着我。也许是离别太久了吧，彼此早已生疏。

这时，一阵晚风送来了槐花的清香，回首望着那似曾相识的月亮，想起童年的夏夜，槐树下，倚在奶奶身上，嗅着槐花香，望着月亮听奶奶讲牛郎织女的故事，奶奶轻摇着小扇搂着我，柔柔地说着……讲故事的身影仿佛还能依稀地看见，却只是被还原的记忆碎片。

走出老屋，站在老槐树下，还是思念。

意外的新年礼物

陆　显

我盼呀盼，盼呀盼，终于把新年盼到了。

大年初一，我抱着有两人高的红包走在街上，准备去买一把玩具枪。这时，空中忽然闪出一道霞光，竟然是二郎神从天而降。他兴高采烈地对我说："显哥，你太幸运了，你中了天庭网的特等奖。这是我奉网站CEO玉帝的命令给你送来的两件法宝——隐身水一瓶替身一个。隐身水一抹在你身上，替身就会马上出现，替身能变成你的模样帮你做任何事情。但是，替身千万不能遇水，否则这两件法宝将失去功效……"

我心里暗暗地高兴，别人是赔了夫人又折兵，而我是得了红包又得宝，今天真是幸运！这真是有心栽花花不开，无心插柳柳成荫，踏破铁鞋无觅处，得来全不费工夫啊。还没等二郎神把话说完，我就悄悄地溜走了。

一回到家，我马上在自己身上抹上了隐身水，这时，奇迹出现了，我居然不见了，而此时，我的替身却站在了我的旁边。这个替身智商超高，连最深奥的宇宙方程式都难不倒它，初中一年级的作业对他来说更是小菜一碟！不出五秒钟，我的作业就OK了。而隐身的我呢，则大大方方地坐在书房里打游戏，真是神不知，鬼不觉。

由于我的作业完成得又快又好，还写了N篇作文，于是家长一高兴就决定带我（当然是替身）去海边玩。我怕发生意外，也悄悄地跟了去。果真，大人们正带着我的替身在海边捡贝壳。谁知，替身一不小心踩到了海水，不一会儿工夫就消失了。替身一消失，我身上的隐身水马上也就失去了功效，所有的这一切都被大人们逮了个正着。结果就不用说了，我被罚了更多的作文和作业。

直到今天，我还在琢磨着这个意外的新年礼物，心里还在为它的设计叹服：起效快，失效也快，互相关联，真是绝妙……

抢 扇 记

肖 邦

话说这天,天气晴朗,一望无垠的蓝天上飘着几朵轻盈的白云,鸟儿们尽情地歌唱,我、妈妈、三叔、堂妹等人一起在一片绿油油的草地上散步。

堂妹剪着齐耳短发,清秀的脸上嵌着一双水汪汪的大眼睛,小巧的鼻子下面嵌着一张樱桃小嘴,身上穿着一条雪白的连衣裙,手里还拿着一把小扇子,边走边唱着儿歌,那声音清脆好听,如同风铃发出悦耳的"叮当"声。

我边走边望着远方,满眼都是绿色,手里握着一把大扇子,一边摇着扇子,一边欣赏着美景,心中满是惬意。

妹妹突然将目光转移到我手中的扇子上,目不转睛地盯着。我想她大概是嫌弃自己的扇子太小吧。过了一会儿,她果然跑了过来,拉住我的手,笑着说:"哥哥,我们换一下扇子吧。"

我看了看自己手中的扇子，又看了看她手上的扇子，摇了摇头："不行，你那扇子这么小，扇起来肯定不凉快，哪里比得上我的大扇子啊，不换！再说了，你小，用小扇子；我大，自然要用大扇子了。"

妹妹听了直噘嘴，撒娇道："哥哥，我的好哥哥，我们就换一换吧！"

我退后一步，斜睨了她一眼：哼，别以为拍一拍马屁就与你换扇子，没门儿，我才不吃这一套呢！于是赶紧摇摇手："不干！不干！这种亏本生意我不做，你就别想了，我是不会换的。"

妹妹气得直跺脚，脸都涨红了。她见拍马屁不行，又换了一招，突然冲过来就要抢我的扇子。

还好我眼疾手快，赶忙将扇子举得高高的，舒了一口气，笑道："差点就被你抢到了，想和我抢，你还是嫩了点。"

妹妹见怎么也抓不到扇子，一屁股坐在了草地上，两脚不停地乱蹬，"哇哇"大哭了起来。

一见妹妹哭了起来，我不由得惊慌失措：要是让妈妈听到了，那我可就惨了！准会认定我欺负妹妹。我赶紧走上前去，蹲下身，放下扇子，准备安慰妹妹。

谁知，妹妹突然拿走我放下的扇子跑开了，还冲我做了个鬼脸："笨哥哥，真容易上当啊！"我这才明白上当了，大叫道："你这个狡猾的家伙，快还我扇子……"

盛夏光年

张一多

　　只是四月，便可听见窗外的麻雀在树枝上叽叽喳喳地唱着，声音清脆而洪亮，婉转而悠扬，使人忍不住把头往窗外探去，聆听着一场盛大的音乐会。到了晚上，青蛙便耐不住寂寞，接踵而至，出场了。它们放开了喉咙，使劲儿地唱着，唱响了属于夏日的第一支交响曲，同时也宣告着春日已成为过去。

　　而教室里的我们，并没有因教委下达的"减负"政策而"改朝换代"，依然埋着头，一声不吭地算着、写着。"沙沙"的翻书声似乎也没有罢休的意思。

　　蓦地，我抬头看见了坐在我斜后方的小艾。在我注视她的这段时间里，只见她时而埋头奋笔疾书；时而咬着笔头抓耳挠腮；时而拍一下脑袋，流露出一种茅塞顿开的表情；时而翻开桌旁的字典查阅……她，真的和我的好朋友Coki好像。突然间，她仿佛发现了有一双眼睛一直盯着她，然后便警觉地抬起头来与我四目相对。我后背顿时火辣辣的，她似乎是察觉了什么似的，表情便从"怒发冲冠"转变成挑着眉毛对着我贼笑，说："小鬼，没见过像我这般倾国倾城的女子吗？"天啊！我……我无语！"少臭美啦，我没有这爱好。"我赶紧为自己澄清。

思绪突然回到了以前。想起同Coki一起逛街，分享同一包食物，喜欢同一种饮料，睡同一张大床，然后精神抖擞地诉说着各自的理想……还有那年夏天，我们两个小孩儿独自前往成都，开始了我们为数不多的假期。很有趣的是，我们在春熙路的步行街上欣赏正在表演的模特，一个大姐姐跑过来向我们问路，我俩相视，然后"咯咯"笑着对她说："姐姐不好意思啊，我们也是来旅游的。"到了晚上，我们就去了龙抄手吃抄手。我们为了能把钱发挥出它的最大用途，便点了两碗味道不同的抄手，换着吃。那种心情，我现在都还记得。还有，我是路痴，常常忘记乘坐几路公交车回家，她却很细心，总是记得提醒我哪里到站，哪里换车。真的，如果没有她在我身边，我想我一定找不到回家的路。而如今夏天，却早已物是人非。

如果我能与哆啦A梦一样有时光穿梭机，我一定要把时间停留在那年夏天。因为，那时不是我一个人在弹奏青春，而是我们！

不经意的美丽

抚 琴 之 乐

张佳琳

街上人来人往的喧嚣声和嘈杂的汽车噪音,掩盖了那生活中的自然,而我不经意间又看到了快被我遗忘的古筝,心中又起了波澜。于是,戴好指甲,让手指触及那一根根落满灰尘的琴弦。

从六年级开始,课业压得我喘不过气,我被迫放下了心爱的琴,一心专攻课程。当手拂去灰尘的一瞬间,八年前那匆匆而过的时光又回来了。那时,爸爸在北京出差,我和妈妈也顺便去了北京的舅舅家。看着姐姐在古筝前坐下,优雅地弹琴,动听的音乐从指尖下流出时,我便爱上了古筝。

翻开琴谱,一曲曲谱从我眼前掠过。手,停了。眼定在了曲目《战台风》上。这一首曲子曾反反复复地被我思索,当时在想到底是"与台风作战"还是"站台上凛冽的风"呢？虽然，我那时一直没有弄清楚，但是那激昂、抒情的曲调仍打动了我。一曲之后，手虽酸，但是，这首曲子却体现出了人的激昂斗志，和战胜台风之后的喜悦，而内心也醒悟了，自己像战胜了台风一样振奋不已。

当一曲《春江花月夜》从指间流淌而出，那柔美的曲调将我与世俗的喧嚣"隔离"，城市中的繁杂已不复存在，只有青山旷野，绿林流水。仿佛融入自然的世界中，那感觉是何等的愉快！

其实，这琴便像人一样，生活在繁杂的世界中，那灰尘就如一个人的疲惫与辛劳，人们总以为是世界抛弃了自己，生活遗忘了自己。其实不然，世界不会抛弃任何人，如果自己不做任何努力，那么，就会淡出别人的视线。一个人不去努力又如何会有回报？琴断了一根弦，重新换上一根，一样可以弹出动听的曲子；而琴身断了，即使是音乐巨匠也无可奈何。所以在生活中，一个人失去什么并不重要，重要的是不能失去对生活的信念，对生活的斗志！

观察日记精选

王兆俊

雪

雪飘飘扬扬地下了一天,终于在第二天的早上停止了。经过一天一夜的大雪,房屋披上了洁白的素装,柳枝变成了臃肿的银条,大雪把杨树的枝枝杈杈打扮得像美丽的珊瑚,又像奇异的鹿角。麦地盖上了厚厚的棉被子,天连着地,地连着天,白雪茫茫,无边无际,整个大地都变成玉琢银雕的世界。

田野的景色

我来到幽静的河边,只见河岸上小野花争芳斗艳,竞相开放。柳树发芽了，碧清的河水缓缓地流着，几只雪白的鸭子在水中快活地游着，忽沉忽浮。它们正在吃着鲜嫩的水草，捕捉游动的小鱼小虾。

跨过石桥，来到田野上，一大片碧绿的麦苗，在春风中翩翩起舞，就像一片绿色的海洋。一阵阵清香扑鼻而来，抬头一看，原来是已经盛开的油菜花散发出来的。

穿过田野，是一片果园。桃花已经盛开，远看像一片片朝霞。走进桃林，只见桃花竞相开放，有的完全绽开，像小朋友的笑脸；有的含苞欲放，像一盏盏小灯笼；还有刚刚结出的花骨朵儿，像一粒粒小红豆。这里汇成了花的世界。花儿浓郁的香味，吸引了美丽的蝴蝶和勤劳的小蜜蜂。啊，这里的一切真是太美了！

看 日 出

今天又是一个好天，我在爸爸的带领下，来到了小山岗上看日出。天边还是一片淡淡的灰云，六点左右，太阳还未露脸。我在焦急地等待着这漫长的几分钟。

小山岗很静，一片鸡犬声起，给这宁静的早晨又增添了几分闹意。忽然蒙蒙的云映出一丝淡淡的红光，像少女脸上含羞的红晕。爸爸忽然说："看，太阳出来了。"天啊，一片红润的玉呈现在东方，这片红玉不住地向上攀升，渐渐地露出大半个身子，像从山谷中升起的橙红色的气球。山谷中的云雾也染上一层亮光,越来越鲜艳,约莫两分钟,一个圆东西在东方云雾中渐渐升起。她既没有海边日出那样通红,又没有山间日出那么绚美,周围的云雾像一件艳红的衣裙,渐渐地扩展开来。太阳中间的亮点越来越明,越来越大。倏地,空中射下百道光柱,灼得人眼发痛。大地被涂上一层金黄的霞光,一个多么灿烂的晴朗世界啊!

不经意的美丽

方　悦

美丽，或许是偶然的，也许就在那一瞬间，美丽，就定格了。因为是美丽的，所以也是永恒的，永恒地刻进了每个人的心灵。

六月，夏天悄然而至，一场大雨过后，矗立在校园里的几棵枝叶浓密的大树，也焕然一新。阳光下，树梢尖上的露水，以优美的弧度从枝头上滑落。阳光下，透过树梢，我仿佛看到了夏天，就在这颗雨滴落在地上的那一刹那，我发觉，夏天来了。似乎是被召唤，似乎是来玩耍，夏天，它或许是不经意地就来到了人间。它肯定不知道，它的到来，对我们来说，有多么神奇，又有多少的惊喜。

因为心情不好，再加上天气的闷热，也使我心中燃起了不明的怒火。真的好想发泄，却不知该选择怎样的方式。我不由自主地走到了湖边。

这片湖水依旧清澈，阳光的照射之下，它变得更加明亮。站在栏杆旁，偶然一瞥："咦！那是……荷花！哈哈，是荷花！"我惊讶地叫着。不过，那朵荷花还未张开花瓣，而是紧紧地拥抱在一起，生怕有人把它们分离一样。我又仔细地看向整个湖中，仔细观看。"好像就这么一朵，而且还没有开放。真像一个美丽的女子含羞的脸庞。"不知是它把夏天召唤，还是，夏天把它当作送给我们的惊喜。就是在这个时间，这个夏天的我，偶然不经意地发现了这个美丽的秘密。我应该感谢刚才的那股怒火，若不是它，我也许就不会发现。此刻，怒气已烟消云散。在这平凡的一隅，我发现了不经意的美丽……

成 长 回 眸

董雨晴

回顾走过的树林,我独恋枫叶最红。回眸成长的足迹——我不忘毅者无疆的坚强。

七岁时,我爱看《西游记》,而孙悟空便是我的偶像。纵然可以千变万化,也要忍受五指山下的嘲讽,一压就是五百年。坚强被一只猴神化得如此悲壮,这便是开始。即使寂寞也精彩,大丈夫能屈能伸,猴哥,就应该这样。

十岁时,我迷上《三国演义》,原先只是喜欢打打杀杀,敬佩关羽而怨恨曹操。那一夜,考试失利后难眠的一夜,心头一触,原来曹操也是英雄。这位大将军在宛城丧子折兵后的痛定思痛;这位魏王在割须弃袍后巧施反间计,连遭挫折却始终不忘统一天下的抱负。不像刘备,被火烧七百里联营,烧了白帝城后一病不起;不像孙权,夺取荆州，守着父兄的基业就面南称帝。曹操把坚强演绎到顶峰，"老骥伏枥，志在千里；烈士暮年，壮心不已"，曹公的诗好不令人痛快！

那一夜，我醒了，困难打不败，挫折打不倒，我学会了坚强。

渐渐地长大了，我却孤傲了，是《名人传》改变了我的浮浅。他们都有伟大的成就，而他们也都是磨难造就的人，他们在漫漫黑夜中摸索前进，而坚强是他们心中的航标，即使看不到光明，他们却将坚强表现得淋漓尽致。贝多芬在双目失明后继续创作乐曲，坚强是他音乐的音符；米开朗琪罗在教堂中，即使不情愿，也全神贯注地雕刻，坚强是他的灵感，直到生命最后仍在坚持。我心中孤傲的火焰慢慢熄灭，化作一泓平静泉水。

回眸成长间，我懂了一句话："天将降大任于斯人也，必先苦其心志，劳其筋骨，饿其体肤，空乏其身，行拂乱其所为。"就让我们带着坚强的信念出发吧！去奋斗，去拼搏，去履行生命的诺言！

总想为你唱首歌

赵 田

夜响了一下，灯就亮了；风吹了一下，天就明了；弦颤了一下，歌就起了；你走了七步，诗便如雨泻下……

总想为你唱首歌，抚下你鬓角的冷汗；总想为你唱首歌，熨平你皱起的眉头；总想为你唱首歌，安定你痛楚无奈的脚步。

时光逆转，梦回三国。高高的大堂上面色凶狠的魁梧男子，冰冷的目光直逼胸膛，殿下群臣，面色铁青唯唯诺诺，偌大的殿堂，鸦雀无声。堂前，一翩翩少年，身着白袍双手紧握佩剑，面色惨淡，眉宇间尽是痛楚与无奈……

"煮豆燃豆萁"，生命的第一步，他诧异于兄长的恨，惊愕于兄长的狠。第二步，他苍白的唇被齿咬出了血，三步，四步……原本暗淡的眼眸被晶莹的泪光衬得格外明亮，殿堂上的，是他忠的君，敬的兄，而如今却成了逼他走向生命最后七步的刽子手，他犹豫着，他本无心于政事，只想平静地度过人生，只想顺由世事，如今，生命只握在自己手中……

终于最后一步"本是同根生，相煎何太急"。历史的七步，生命的七步。他用七步的时间，决定去宽恕一个人；他用七步的时间，在生与死之间抉择，仅仅七步，打碎了他的梦，梦里他与兄长一起迎风奔跑，谈古论今；梦里他与兄长一起湖边赏月，吟诗作对……

七步之后，割断了生死，割断了兄弟间本如血般鲜红真挚的情，他不恨兄长，不恨父亲，只恨自己生在了一个如此的乱世。

总想为你唱首歌，抚慰你心中的凄凉，不是作不出，只怕吟出后万事皆空，心里更容不下一丝温情；总想为你唱首歌，和你一起经历那段无奈，不是怕失去，只因为曾经虚假的拥有。曾经的手足深情，在"权势"面前真的就一文不值吗？是他曾经有一颗温暖柔软的心，还是从不曾拥有。

七步之后，悬留在兄弟之间的，只剩隔膜。

雨走在琴弦上

朱静怡

夜阑珊,我嗅到了它的味道,点灯泡茶,静待它的到来。

天边的云像一块黯黑的寒玉,停滞不前。友人迟迟不来,我凭轩品茗,渐渐地,茶有了些淡香,蛛灰的罗帐被风吹起,我浅浅微笑。

它来了,轻踮足尖,轻叩门窗,在这北方之雨夜,给我以南国的吴侬细语。它是我的朋友,它是有着灵性的雨。

古人以酒邀雨,在雨夜,悟得多少真谛。诗人以诗会雨,雨下,一气呵成多少名篇。我今以茶代酒,与友人一醉方休。

雨走在琴弦上,与我奏高山流水;与我讲述浔阳江上的那月,那江,那水,那人。它说,昔日它是江中的涓涓细流，曾听闻那大珠小珠，幽咽泉流。那日女子轻拢慢捻，素手拨琴弦；那日壶中酒与心中泪流入浔阳江，碎了它的心。它奏《霓裳》，点点滴滴坠入瓦片，是那大珠小珠落玉盘；那轰然雷声，是四弦一声如裂帛。我说："伯牙善鼓琴，钟子期善听。"它不说话。

茶香渐渐浓郁，邀它品茗，它摇头微笑，茶香，不敌那酒香。它说，昔日黄昏时分，黄花满地，一个女子怅然失神。它跳入女子酒杯，酒香馥郁，却寒冷入骨。这三杯两盏淡酒，怎能驱得了乍暖还寒时的风寒？怎能扫去女子心中的阴霾？它跳出酒杯，看见女子眉锁忧愁，云鬓散乱，提笔便是：寻寻觅觅，冷冷清清，凄凄惨惨戚戚。

我不觉寒冷几分，轻啜浓茶，向外张望。你在哪里？黑夜中我仿佛看到它的微笑，却捉摸不到它，它在离我最近的地方，与我讲述古时明月，古老传说，一字一句，一丝一缕，都是历史文化的缩影，这千古的见证人，这唐诗宋词中流淌的潺潺细流汇成的雨啊。它与诗人一起吟哦，与琴师一起弹奏，现在，它遇到了我，便把它千古的情思告诉了我。

香茗渐渐被啜尽，却不肯再续品着残香，暗自思忖，这雨在诗词间流连，在山水间品味的是什么呢？那一丝一缕的事宜。是它构成了这多愁善感的雨，给了雨少女般缜密的心思，给了雨灵性。所以古往今来，文人雅客独爱雨。

雨声渐渐小了，我知道它要走了，去下一个站点，去品别处的诗，将这一切告诉别处的人。我微笑着与它告别。

茗尽，雨停；夜尽，天明。

快乐，在我身边

张雨薇

> 从前有座山，名曰桃源山；山中有个村，唤作桃源村；村中一群人，称其桃源人。他们一直过着快乐的日子……
>
> ——题记

外婆曾给我讲过"世外桃源"的故事，我羡慕不已，一度心生向往。

何为快乐？枯燥无味的日子，堆积如山的作业，很明显，我不快乐。

哪儿有快乐？爸爸笑叹我"为赋新辞强说愁"。妈妈催我多做几道奥数题。弟弟稚声稚气地回答："快乐呀，就是猫吃鱼，狗吃肉，奥特曼打小怪兽。"

都对，都不对。快乐哪有这么简单。

紧张的期末考试容不得我有闲暇思考。好不容易等到放榜的日子，我一改以往鸡叫三遍赖床不起的毛病，特地起了个大早，心急火燎地往学校赶。等跑到学校，告示牌前早已人山人海。我瘦弱的身子一个劲儿往里挤，挤得喘不过气来。等挤到告示牌前，在年级前一百名前粗略地一扫，竟然没有我的名字！我浑身打了个寒战，那张鲜红的榜单似乎在我眼中变成了面目狰狞的生死簿，无情地宣判了我的命运。

我茫然无助地回到了座位上，口中喃喃自语，似是委屈又似是自责："不知开了多少'夜车'，不知做了多少练习题，为什么……"这时，班主任飘到课桌前，轻叩桌面，示意我到办公室接受"召见"。我阴沉着脸，进了那"神圣"的办公室。班主任抿了一口茶，缓缓地开了口："这次考试……"他顿了顿，我的心提到了嗓子眼儿，"考得不错嘛！总的来说，你这次年级三十七名的成绩相较而言已经努力了，再接再厉啊！"我垂头丧气地"左耳进右耳出"，可还是捕捉到了那敏感的字眼——"什么？全年级三十七名！"我的声音陡然提高了八度。"是啊，你没瞧见？"班主任颇带笑意地回答。

已经记不得是如何连跑带跳出了办公室，只看见天空的湛蓝，只听到鸟儿的欢歌，一切都与十分钟前截然不同，那么美好！刹那间，幸福与欢乐弥漫在心头。哦，原来快乐如此简单！

我再一次提问，快乐在哪里？爸爸说，昨晚那场球赛真精彩，通宵熬夜变"熊猫"也值了。妈妈说，超市促销疯狂大减价，她抢购了好多东西呢。弟弟说，隔壁家小孩儿居然肯把限量版的机器人借给他玩，他兴奋得睡不着觉。

　　不可否认，这些快乐来得容易，那又怎样？快乐就像一扇虚掩着的门，只需要你怀着一颗知足常乐的心去推开。别忘了，这扇门从不上锁，它一直在你身边。

书 香 满 屋

周富薇

跟许多同龄人一样，我也喜欢读书，但是，我读的书完全由自己的喜好决定。不对胃口的，就通通把它们扔在一边，因此，我读的书比较单一。我喜欢读散文、小说，尤其喜欢鲁迅先生的《朝花夕拾》和《呐喊》，每每读到这些书，心里都有特别的感触。

读书并不在于读的数量多少。一个人一生能认真地读上几本好书，比囫囵吞枣地读上许多书要好得多，就像人生需要时时回顾一样，好书也是需要不断重读的。好书是那种读后能让我们思索的书，它可以是一本故事书、一本漫画书，甚至可以是工具书……

我喜欢读书，喜欢在字里行间领略和感悟世界。我喜欢冰心的婉约清秀，《繁星·春水》里描绘的意境总能让我创造一种纯真感性的世界，让我百感交集。正如书中所说:"欲语又停留。"在纷繁复杂的世界中,冰心的笔尖爱意浓浓,引导我们回归自然。我也喜欢曹文轩的清新质朴,他的文字让我极其享受,他的思想让我为之心动,由此,我的心思细腻了起来,开始观察每一处细节,观察生活的美好,从而对未来充满信心,认识到希望无处不在。

我读书的速度很快,就好像伐木工人砍树一样利索。遇到气味相投的,定要风卷残云地将它读完,虽说人长大了,但这种"暴饮暴食"的习惯却依旧没改掉。有人将阅读看作一块磨刀石,依靠它把自己的头脑打磨得更敏锐。可对我来说,阅读是凭借自己的直觉,本能地去寻找与自己共鸣的语感、题材、氛围、思想。我买书太缺乏计划性,打算买一本,却常常抱回家至少三本,所以无论走到哪里,我的床头始终堆着一摞书。

读书是一种享受,一种交流,一种领悟,一种超越。但要做到这些,就得多读,仔细地咀嚼,浅尝是不行的。读书就是把那些隐藏在文字背后的思想读活,为我所有,为我所用。对于我,真的可谓:墨香满坊,书香满屋!

科学无处不在

刘小培

我正在书房做作业,这时从厨房传来妈妈的喊声:"小培,快来呀!"我立即放下笔准备美餐一顿,来到厨房,只见妈妈拨动着一盆的鸡蛋,问我:"你知道这些蛋哪些是生的,哪些是熟的吗?"这个……我愣住了。"干什么?妈妈。""你爸爸把我早晨煮的鸡蛋和家里的生鸡蛋混在一起了。"妈妈解释说。摸了摸这些蛋的温度,都是冷的,我抓耳挠腮,有了,"我们把这些鸡蛋逐个敲一敲……"还没等我说完,妈妈就打断我说:"那不行!万一把生鸡蛋敲破了呢?你再想想。"

敲又不让敲,这怎么办呢?我盯着那盆鸡蛋,瞧瞧这个,摸摸那个,急得直发慌。忽然我灵机一动,对了,先查查资料,我跑进书房,把"尘封百年"的《百科全书》找了出来,嘴里直嘀咕:"现在你可派上用场喽!"我快速地浏览着目录，翻完一页又一页，就是没找到关于鸡蛋的常识。但我并没有心灰意冷，继续搜寻，最后终于在"生活之谜"栏目里找到了。事情终于有头绪了！我高兴地翻到那一页："什么？转动鸡蛋即可分辨生熟！"

我赶紧跑到厨房，随手拿了两个鸡蛋放在平整的桌子上，然后同时转动，奇迹出现了，一只鸡蛋平稳快速地旋转，而另一只却像喝醉了酒似的，东倒西歪地转了两下就停了。我拿起那个快速旋转的鸡蛋一敲，果然是熟鸡蛋，我按照同样的方法，把所有的熟鸡蛋都找出来了。

为什么用旋转的方法就能区分鸡蛋的生熟呢？虽然我找到了方法，但是书上却没有说明它的原理，看来只有靠我自己了。我拿着鸡蛋一边不停地旋转，一边认真地思考，"旋转，平稳，这中间到底有什么联系呢？"我继续琢磨着，并立刻在纸上画了一个示意图。终于真相大白了：原来，这是一个"重心"问题，熟鸡蛋的蛋白蛋黄都已经凝固了，旋转时，鸡蛋的重心不变，使得鸡蛋能够保持平稳快速旋转。而生鸡蛋却正好相反，它的蛋白蛋黄没有凝固，是液体，在旋转的时候，这些液体一会儿转到东，一会儿转到西，重心不稳定，所以旋转的时候就会东倒西歪的。

我终于找到了答案！哈哈，我真是太高兴了，真没想到，一只普普通通的鸡蛋还有这么大的道理呢！科学真是无处不在呀！这次探索让我获益匪浅。

接受感动

刘 宇

真没想到,令我们感动的事物,有时竟然是这样的细小与平凡。偶然的邂逅,关切的话语,天上悬挂的彩虹,春天漫山遍野的花草,夏日驻足枝头的知了,秋季自由飘飞的落叶,冬天徐徐下落的雪花……它们是如此的微不足道,简简单单,却让我们咀嚼着"一花一世界,一沙一天堂"的美好情致。我们又怎能不相信这个世界的温馨可人,又怎能不相信生活的甘甜芬芳,又怎能不主动接受感动?

虽然感动的心境稍纵即逝,仿佛骤然划过的流星,但它总会留下韵味悠长的温暖与情韵。感动时的心境,澄明如无瑕的玉石,唯其晶莹剔透,才不会让世俗的偏颇缠绕我们水晶般的心,才不会让功名利禄的枷锁过早桎梏我们追求真理的脚步。

芸芸众生，我们大多是小人物，平平庸庸，默默无闻。我们可能感动不了别人，但我们不能不欣然接受感动。

让我们的心灵像承接甘霖雨露一样来接受感动，感受生命里不老的真情。品味自然界旖旎的风光，我们又怎能说感动不是造物主赐予我们的与生命沟通、与自然界感应的神奇本领？

接受感动，便是深化生命。感动是生命里不败的风景，滋养着我们的心灵。

我眼中的孔明

刘 斌

"滚滚长江东逝水,浪花淘尽英雄。"历史的车轮滚过悠长的五千年,千年风雨,千年岁月,涌现多少英雄豪杰。唯有诸葛武侯让我既敬佩又感叹。

东汉末年,群雄逐鹿。诸葛亮本隐世独居,高卧草堂,过着躬耕田畴以乐其志的惬意生活。可刘备数次拜访,恳请相助,他感知遇之恩答应出山。谁知此时刘备落魄至极,交给诸葛亮的,只能是一个一无所有的烂摊子。"巧妇难为无米之炊",诸葛孔明既来之,则安之,运用自己的才智,把火先烧起来,而且一烧就是三把火:博望坡,让夏侯惇十万曹兵成灰烬;新野新城,让曹仁大军焦头烂额;赤壁,让百万曹营雄兵成火龙。"新官上任三把火",烧出了刘备的江山社稷的根基,烧出了兄弟的信心满怀。随后战赤壁,取西蜀,定南蛮,借荆州,谈笑间,决胜于千里之外，让天下闻之丧胆，飘逸的脸上挂满笑容。论计谋，谁及武侯？！

可他诸葛亮再怎么聪明，再怎么忠心，也只能是刘备手下的一枚棋子，又岂可与关、张相比。君记得赤壁大战，关羽于华容道念一己之私放走曹操。回军中复命时，立下军令状的关羽理应斩首，可刘备几句话就让孔明不得不放了关羽。孔明何尝不知，自己仅是刘备的一名手下，岂敢动他的义弟！莫说杀了关羽刘备不干，就算是刚说一个"杀"字，旁边性急的黑脸早就一枪挑了他的头。刘备顶多责备张飞几句，再感叹一下，就OK了。这时的孔明再怎么运筹帷幄，也深知关羽动不得，最悲哀的是还要说一句"曹操命不该绝"来给关羽台阶下！呜呼哀哉！

就算如此，孔明仍殚精竭虑全力扶持蜀汉。先帝托孤，本告之可自立为王，但孔明没有；他深知蜀汉国力远不及曹魏，但仍六出祁山，意图实现北定中原的夙愿；为平定内乱，他七擒孟获，将自己的后半生全献给了阿斗——一位扶不起来的皇帝，终累死于五丈原。山河变色，大厦将倾！可孔明死了仍不忘使计保蜀军全身而退，致使活司马不如死孔明。这份胸襟与智慧，谁与争锋？

青山依旧在，几度夕阳红。历史的尘埃早已落定，成败荣辱皆由后人评说，唯有"鞠躬尽瘁，死而后已"的精神，屹立人间，永垂不朽。

幸福就在身边

王 迪

那，是一个凉意正浓的深秋的夜晚。

而我，却充分感受到了幸福的温暖。

和往常一样，我写完作业准备睡觉的时候，发现电视还在闪烁，该不会是妈妈看电视睡着了吧。

我想去提醒一下妈妈，却发现爸爸正陪着妈妈，妈妈闭着眼睛靠着爸爸，脸上带着浅浅的笑，显然是睡着了。而爸爸却歪着身子坐着，想必这样坐不舒服极了，他这样肯定是想让妈妈睡得舒服些。

我刚想叫醒妈妈，却被爸爸的一个手势给制止了。"嘘！去拿一条厚一点的毛毯来。"

我不禁压低了声音问一句："爸爸，为什么不让妈妈去卧室睡呢？"

"哦，我陪你妈妈在等一个电视剧的结局，要插很长一段时间广告呢，一会儿开始了，我再叫醒她。"爸爸替妈妈拉拉毛毯，又叮嘱我："快去睡觉吧，明天还要上课呢。"

我点点头，蹑手蹑脚地回到卧室。然而心中却止不住向外洋溢着什么。洋溢着幸福？这就是幸福吗？我悄悄地问自己。

大概这就是幸福吧。妈妈应该是幸福的，因为她可以踏实地靠着爸爸小憩，因为她知道，爸爸会如约叫醒她，一起看完故事的结局；爸爸是幸福的，因为有妈妈的充分信任；而我也是很幸福的，因为有爸爸妈妈的疼爱，有温暖和谐的家。这是一个幸福之家，我感到自己是最幸福的。

不错，幸福已经来到了，蹑手蹑脚的，怕惊动了我们，哈哈，还是被我发现了，被感觉到了。幸福在哪里？在妈妈对爸爸的信任里；在爸爸对妈妈的呵护里；在坚实的臂膀里；在温暖的怀抱里；在这个充满爱的房间里。爱在房间，幸福满屋。原来幸福是这样的简单，用一点爱的呼唤，她迈着轻盈的步伐，迅速扩散满屋。

哦，对了，我要用"爱"的画笔，将这份幸福描画，放在心中"永恒"的抽屉里。

游石鼓山记

杨 凯

绿色的春天,学校组织了"领略渭水风光,感悟周秦文化,陶冶人文情怀"——春游石鼓山活动。

午后的阳光温暖和煦,拂面的春风轻柔舒畅,师生们激情饱满。随着一声"向快乐出发!"我们高举自制的特色班旗,迈着矫健的步伐向石鼓山进军!路上嘹亮的歌声此起彼伏,唱响青春的旋律,炫出年轻的色彩!

近了!近了!远远地看见石鼓阁的轮廓,我们异常兴奋。第一站到达"周文化浮雕墙",一幅幅栩栩如生的浮雕,一段段绘声绘色的讲解,让我浮想联翩。周人创造的璀璨文明对中华民族文化的形成和发展有着巨大而深远的影响,历览岁月星空,四千年前,姜嫄脚踩巨人的足迹生下后稷,擅长种植,遂成农官,开始了中国农业发展的漫漫探索,也拉开了周人艰苦的历史征程。站在牧野之战那幅浮雕前，我眼前浮现出武王伐纣的情景，耳畔仿佛也响起了厮杀声……

拾级而上，我被五德园的雕塑群所吸引，在这里，我感受到"仁"的博大，"义"的崇高，"礼"的魅力，"智"的聪慧，"信"的挚诚。

转过两道弯，便来到了秦文化广场，我们在高耸的石鼓阁前齐诵《论语》经典，高歌《中华诵》，放飞"陈仓龙"。

石鼓阁是仿秦建筑风格，阁高56.9米，建筑面积7200平方米，外五内九的层级设置，预示着周秦文明在中华文明中的尊崇地位。这座山东临茵香河，南靠秦岭主峰鸡峰山，西望市区，北瞰渭河，构成了一幅绝妙的山水画！

进入了石鼓阁内，全部都是石鼓文与石鼓的历史，可怎么也没见到石鼓呀。一问导游，原来在中央放置的十块花岗岩大石头就是石鼓，高二尺余，直径一尺多，每个重约一吨，上面还用四言古诗歌咏了秦国君主游猎的情况，可惜篆文我都不认识，从讲解中我了解到石鼓文化是秦文化的有机组成部分，是秦文化的精华。它不仅为我国文字学、文学、史学、金石书画艺术等保存了难得的实物，而且为探讨汉字发展的轨迹，研究周、秦当时的政治、经济、文化、生态环境提供了重要史料。

走出石鼓阁，我们在秦文化广场合影，让这难忘的旅程永驻心间。

城市的轨道

王晨笛

这是一条路的锈味冷甲，这是一座城的苍白茧衣。

倚着高楼露台鉴赏着都市重金属色调的流光溢彩，喃喃自语感叹城市疾驰的步伐，但看见了这印迹背后的滚滚烟尘、光怪陆离的一片刺眼后，你就会发现它其实是一个丢弃了寓言结局、悖于童话情节的外壳。

看，车灯亮处，马路蛇身般的脊骨处多少钢铁机器扯着喉咙对夜嘶吼，赤红的远光灯映得如战场硝烟滚滚。车辆是夜里最嚣张和狂妄的。仅为了不等待，赶应酬，沿着欲望疾驰，忘却了夜色原本的宁静，吓得月都隐居云外了。

街灯挨着凋残的行道树在夜风中摇晃凄迷的光晕。快餐店中还有稀疏的留客。一个穿着褪色旧蓝牛仔裤的男人用一双竹筷老道地梳理着白陶瓷碗内的面条，搅作汤汁浓郁的一团在嘴里咀嚼然后咽下，显然，一天的劳苦使他饿坏了，一碗清汤咸菜面是他给自己奢侈的慰劳。他走在回家的石子路上，捡着廉价的梦想和欲望，向这座城市换取寥寥慰藉。而两个拎着印有黑色大字英文的白色纸袋的女人，在向路人展示着她们咖啡色的新款马靴，从快餐店门口嗒嗒而过，赶向下一个促销门店。那个吃面的朴素男人像磁针一样专注着她们扭动的身影，一直到香水味飘散在夜色中。

别处，会有让我心动的痕迹吗？

漆黑的夜主宰着天宇，几绺惨淡的愁云在万里冷空凝视着我。我站在路中央，发现城市列车中渺小的自己是多么孤独不堪。高楼林立在一片片用钞票堆积起来的几块土地上，尖顶闪着亮红的警示灯，用最孤傲的荣光睥睨着其他楼房，刺激着城市的发展速率。把车流拉成五彩流光一样的慢镜头相片展示在国际摄影展上，牢牢占着头版；把曾经廉价的面汤酿成中年人茶余饭后的叹息。华丽的楼林无声，它们不知道下一场舞台剧谁是主角，替它们成为时代华丽的勋章。

从时代的后视镜向过去张望：老城的孩子们卧在泥土地上弹着有色弹珠，用野草丛里的小花编成王冠，追着秋风中满地奔跑的落叶，他们总幻想着有一天自己能以年龄的优势当孩子王，甩着枯树枝露着有缺口的上排牙痴痴地笑。马路上空荡如湖面，自行车并行着扬帆起航。大院的矮房们亲如兄弟。那是我的小时候。

如今,城市的快车醉了酒一般向前冲,有时会撞到欲望随意伸出的一个脚趾上,霓虹灯光和宣传彩页,随豪车流散一地。当人们回首凝望,才发觉那条都市轨道过于冗长和细瘦。

这是个寓言的结局,把都市欲望诠释得淋漓尽致,把繁华大梦刺激得脸部扭曲。

不会的。不会了。

大院和小巷会回来的,彩弹珠和野花王冠会回来的。我看见,孩子们举着纸风车奔跑,自行车上有说有笑,在上帝早就铺好了的开阔宁静的康庄大道上。

致保尔·柯察金

刘 航

敬爱的保尔·柯察金：

您好！虽然我知道这封信您是收不到的，但我还是情不自禁地拿起了笔，缓缓记下我内心深处汹涌着的深情。

当我还是一个无知的少年的时候，您，一位"脸色苍白"的年轻人，戴着布琼尼式骑兵帽，挥舞着马刀，风驰电掣般地闯入我的梦中。您把神奇而珍贵的信念撒在我生命的土壤里。您的存在为我推开一扇心灵之窗。

每当我听着您用严肃而热烈的口吻述说着战争的残酷，生活的艰辛时，我就似乎被一只坚实而有力的手臂牵引着。在朦胧的月光下，我拨开密密的丛林，踏过清清的水溪，翩然徜徉在谢别托夫卡小镇的街道上，流连在乌曼区的篝火旁，倾听着跳乌克兰舞和果帕克舞的人们发出频频的跺脚声和愉快的欢笑声……

哦，这便是少年布尔什维克那充满艰辛、充满无畏、充满罗曼蒂克的青春吧！

在我青春的岁月中，是您那不朽的传奇使我悟出了生命中一些永恒的东西。

"保尔·柯察金已经融在群众的心里，他像每一个战士一样，已经把'我'字给忘了，只知道'我们''我们团，我们骑兵连，我们旅'。"——让我认识了团结的力量。

"即使生活到了实在难以忍受的地步，也要能够活下去让生命做出贡献。"——我理解了对失败的超越，对美好生活的向往。

迎着您锐利而不徇私情的目光，我灵魂深处的尘土，都被冲刷得一干二净，于是我挂起了人生的征帆，驶向我生命长河中的每一个港湾。

总有一天，我会到谢别托夫卡小镇，去看看您出生和战斗过的地方，去听听第十二骑兵师震天的喊杀声，去亲身体验一下革命的激情怎样在胸中激荡。那时，我便会恭恭敬敬地站立在您的面前，热切地唤一声："您好啊！保尔·柯察金！"

致以最崇高的敬礼！

仰慕您的学生：刘航

轨　　迹

廖嘉琪

你是否知道冥王星，那个不知曾几何时被踢出"九大行星"的矮行星？你是否又知道卡戎星，那个一直默默守护冥王星的卫星？很多时候，它们总以那样的距离遥遥相对。但是在两条轨道之间，它们拥有着极为短暂的相交。

于是，在轨道与轨道的相交处，它们相遇了。于是，在多年前那个日落之时，我们对眸了。

你说，在你看到我的第一眼时，你激动得久久伫立。"那个时候呀，你真的只有那么小！"你兴奋地在空中不住地画着弧线。而我应该是惊异地看着你吧——看着育婴室外高兴得如同孩子一般的男人。你也应该是这样傻傻地冲我笑着，咧着你参差不齐的牙齿，只为在我幼小的心中留下一个灿烂的第一印象。夕阳会是如同今日一般柔和，照亮了你的瞳孔吗？

那是我们的轨道彼此相交的第一刻!

幼儿园时,我倚在教室门边,瞪大了眼睛从来往接送的人群中寻找你的身影,害怕涌动的人流把你从我的视线中冲走。你跌撞地从车水马龙的哪个"闸口"闯进我的眼球,手里还晃动着一串冰糖葫芦。我扑进你的怀中,紧紧地扯住你的袖子,贴在你的胸膛上不争气地开始号啕大哭。我想你,在看不见你的这漫长的八个小时里!

你将我顺势驮上背。我索性将一脸的涕泪往你的外套上狠狠一蹭,故作生气地说你是个大坏蛋——我是那样害怕你不要我了。我伏在你宽厚的背上,你并不说话。我侧脸,大口大口地呼吸着满是从你嘴角丝丝溢出的烟草香。干净的古旧街道一直延伸向远方,清冷的石砖被渐渐隐匿的暮光熨上几许暖意。天边竟嵌上了几颗熠熠的星。这样的傍晚,温暖得让我难以忘怀。

我是那样执着,一直执着相信,你是我的卡戎,温暖我的世界的唯一!

再长大一点儿,你为了不使我在上下学浪费太多时间而购置了一辆摩托车。你总是小心翼翼地为我解下安全帽,抚平我额前凌乱的刘海。

如今,随着你事业不断成功,已经很难看到你。偶尔搭坐你的越野车。在后座的我,是那样傻傻地努力撑高身体,试图从后视镜里看你的脸,你眼角因微笑而带起的笑纹。也只是偶尔放学回家,瞥见满是酒气的你卧在沙发上酣睡。你苍老的倦容和额前微微隆起的青筋，让我好心疼。我不敢打扰你。只是轻轻为你盖上一层空调被。很多时候，你奔波在外，出差好几个月都不曾回家，仿佛我的生活中已经抹去了你的踪影。殊不知，我们早已在某个时刻错开轨道。于是，我便静静地守护着那些与你一同的回忆，那些我们相交的轨迹！

下一次的相遇总是这样来之不易。我想，曾经的你还会不会回到我的身边？爸爸，我还要苦苦等待多久，才能换来我们又一次相交的轨迹？

我一直都在。那么，我亲爱的卡戎星，请你快回来！

美丽家乡我的梦

黄 薇

在闽西北有一座山区小城,依山傍水,小河环绕着城关,缓缓流趟着。这就是我的家乡,素有"内陆鼓浪屿"之称的山区明珠——××市。

这里虽然没有林立的高楼大厦,也没有很宽敞的道路,但是环境优美,街道整洁,空气清新,处处绿树成荫,小花、小草在阳光的照耀下茁壮、快乐地成长。龙津河的河水清澈见底,成群结队的鱼儿在水中欢快地嬉戏。河边妇女们一边洗衣服,一边聊着家常,时而发出爽朗的笑声,似乎在与河里的鱼儿同乐。到了晚上,九龙广场上灯火辉煌,音响里播放着《最炫民族风》,男女老少排着整齐的队伍,随着欢快的音乐翩翩起舞,他们跳得不亦乐乎。在这欢快的音乐声中还夹着另一种声音,仔细一听——原来是滑轮的声音,孩子们也跟着这欢快的音乐滑起了滑轮,这两种声音配在一起,真像一曲美妙的交响乐。

但随着一座座高楼大厦拔地而起,建筑垃圾随处可见,街道上川流不息的车流,卷起满天灰尘,肆无忌惮地喷放着废气,污染着空气。另外,一些不文明行为也在破坏着环境。有的人为了走捷径,竟然踩踏草坪,小花、小草都被踩得直不起腰,耷拉着脑袋。街道、草坪、广场等地方经常躺着许多"流浪"的宣传单、零食袋、饮料杯、塑料袋、烟头……墙上贴满了一张又一张花花绿绿的广告纸,这给原本漂亮的墙留下了一道道丑陋的伤疤,就像长了"牛皮癣"一样。工厂里未经过处理的废水被排放到河里,使龙津河的河水不再清澈见底,而是变得浑浊不堪,又脏又臭,再也看不到欢快的鱼儿了;再也看不到妇女在河边洗衣服的景象了。最令人讨厌的是工厂里排放出来的黑烟,它们不但污染了空气,破坏了环境,更损害了人们的身体健康。

从前的青山绿水、鸟语花香,已成为了我的记忆。

看到周围的环境变成了这副模样,我为此感到非常心痛。我想:作为青少年,应该增强自己的环保意识,积极宣传环保知识,不然我们的生命终有一天会毁在自己手里。

保护环境,人人有责。我们应该从自己身边的小事做起,例如:不乱扔垃圾;不随地吐痰;把那些"流浪"的垃圾们一一送回家;不让漂亮的墙留下丑陋的伤疤。

"美丽家乡,我的梦。"我们是这座小县城的主人,让我们行动起来,共同建设我们美丽的家园,共享美丽风光!

会开花的梦想

李雅琪

种子落入泥土，梦想便是泥土外的阳光；嫩芽破土而出，梦想便是那油亮亮的叶片；树枝伸过矮草，梦想便是那壮硕的树干；臂膀撑出绿伞，梦想便是那沁人心脾的果香。

记得儿时，书页中一幅幅带着浓浓色彩的插画，那精致的线条有着充满魔力的能量，总能紧紧捆住我的视线，这魔力又使这些细线在我的脑海里一点点加深，并能描绘出更美更鲜亮的色彩。这样的绚丽使刚刚向这世界探索的我寻找到了一个神奇的万花筒，那画纸上的一切都那样奇妙，那样有趣。或许就在这样一次次的陶醉惊叹间，一颗种子悄悄埋在了我的脑海深处。

后来长大了些，稚嫩的我已开始喜爱把长长的彩笔握在指尖勾勒出深深浅浅的线条。画了一百次，再一百次，像是在用数量证明自己：是不是又进步些了呢？这条蓝色的线是否比刚才那条黄色的漂亮得多？直到我在一张白纸上涂抹出一道道彩虹，一团团白云，一群群扬着笑脸的孩子。或许我已记不清那时有没有把彩虹的颜色排列清楚，有没有把哪个孩子的笑容挂在了眉梢，但有个欢乐的笑容——扬在被彩色的墨抹得花花绿绿的我的脸上，还时常在脑海中闪现。她脸上的彩墨更亮眼，更夺目，更绚烂！扬起的嘴角边闪射出了七彩的光芒，这样的光芒，可以淋漓尽致地将成功的快乐射出来吗？隐约中，那个笑脸又绽放在眼前了，脸上的彩墨与笑容的灿烂开成了一朵花。那花儿，是破土幼苗开出的吗？

现在，我会把一滴一滴的汗水努力地汇聚在笔尖，把桌上的白纸当作线条的练习场，当作色彩的感受室，更当作是梦想的舞台。当我提起笔，梦想便能伴着快乐在纸上擦出火花。汗水洗涤中的我，每每抬头仰望都能看到那朵在我脑海深处茁壮成长的花儿。

是啊，那生命般的律动牵引着我向着梦想奔跑！低头看看，手中紧握的铅笔，竟已伴我走过了长长的成长之路。我不知道还要为了那梦想努力多久，奔跑多久，我只想用更多的汗水去浇灌这会开花的梦想，用更自信的笑容去期待这会开花的梦想。

逆境与信念

王豪爽

或许依旧浮云流水，或许依旧天空湛蓝，然而一路走来，我们记忆中留存最深的，却是往昔的残红。

我们都经历过挫折，明白其带来怎样的痛苦。但没有人会忘记痛苦，因为它是生命中的磨刀石。

"不经历风雨，怎能见彩虹。"但并不是每个人都能成功地战胜挫折。风雨过后若没有阳光，就不可能折射出彩虹。在我们准备好了要用微笑去迎接风雨，用激情去战胜困难的时候，总会有人说到一个关键性的问题——如何战胜挫折。

这时我想起了大漠里的胡杨。它们的存在，就是一个奇迹。沙漠里的大风运送着胡杨种子降落在水源边，扎下根来。它们不停地涉水，可是它们能否生存下来则取决于水量是否充足。于是它们不再依靠自然，它们拼了命地扎根，它们的根茎甚至可以达到二十多米深，穿透虚浮移动的泥沙去寻找泥土，从而探得水源。只要它们的根系足够发达，沙漠里的风沙算不了什么，沙漠的干旱缺水更算不了什么。胡杨习惯了挫折，也习惯了战胜挫折。于是它们创造了三千年奇迹。想想吧，在沙漠中，一个心灰意冷的旅者正打算放弃时，看到了一棵迎着日光摆动树叶的胡杨，这样的震撼会不会触及他对生命的渴望，从而战胜死亡呢？

　　战胜挫折靠的是信念，因为有信念让我们有目标。我相信，风雨中我们会放出光芒赶走乌云，彩虹一定会出现在我们湛蓝的天空；我相信，你也一定会做迎着日光的胡杨，勇敢地战胜挫折，傲然地站立在沙漠中……

花开的声音

章佳文

每时每刻，都会有一个小小的生命在地球的某一个角落，悄悄地、努力地绽放。

记得，我跟爸爸妈妈去过一个农场，在农场里，有大片大片的花田，各式各样的花开得非常鲜艳，一朵紧挨着一朵，每朵花都在努力地绽放。

大人们都在聊天，我便独自跑到一条小溪旁玩水。忽然看到一只白色与粉色相间的蝴蝶从我眼前飞去，我立刻追了上去，却看到彩蝶在墙角盘旋着。我小心翼翼地移过去，蹲下身子，寻找彩蝶的踪迹。突然，一个小小的东西引起了我的注意，在墙缝和地面之间，生长着一朵白白的、小小的雏菊，而那只彩蝶正盘旋在它的上方，轻轻地落在那还未绽放的花苞上。

我静静地欣赏这两个娇小但美丽的生命。雏菊的花瓣很小，虽然它还未绽放，但在努力地展开自己。雏菊的茎和叶都很小，却十分翠绿。它为什么这么小呢？我不由得看看"脚"下的土地，土地很干，已经裂出了几道小口子。此时天上乌云密布，不多时，就下起了雨，彩蝶飞走了。我也站起来跑进了屋子。

雨越下越大，大人们都在抱怨这雨下得不是时候，影响参观。我却很高兴，因为那朵小花有水"喝"了。这里的天气真是变得快啊，不到半小时，雨就停了，我又一次冲到墙角边。此时我惊喜地发现，雏菊已开了大半，只剩一点便可绽放。它洁白的花瓣上挂满了水珠，显得更加晶莹、纯洁。它原是一颗小小的种子，被不经意间洒落在这片土地上，便开始努力地生长。尽管土地如此的干涸，它也为绽放一次的美丽而向上生长。此时，我对它有了一丝的敬意，看到它背后的努力与坚强。把耳朵贴近它那娇小的花瓣，我好像听到了它在诉说，听到了它在努力绽放，听到了它在微笑。

也许在很多人眼中它只是微不足道的一朵小野花，但在我的眼中，它却比那些万紫千红的花更加美丽。这不是因为它的娇小与纯白，而是因为我听到了花开的声音。

跨越心灵的横杆

陈纬奇

五月的周末，天阴沉沉的，有些微风。一年一度的校运会正在操场上举行，跳高场地挤满了人。我在旁边默默地看着去年拿了冠军的朋友，心里很期盼。

一声哨响，比赛开始。运动员们稳稳当当地助跑，轻轻一跃，过了。一个，两个，三个……个个都信心十足，都要冲击冠军。

终于轮到朋友上场。只见他在一段轻松助跑后腾空而起，在空中划过一道优美的弧线，过了！

横杆一次一次地抬高，难度也越来越大。好几位选手都被淘汰了，比赛逐渐进入白热化状态。

他蹲下身子压了压腿，还是那样有节奏地助跑，起跳，可惜身子不小心擦到了横杆。横杆先是不停地颤动，我的心也随着横杆"怦怦"地跳动着。横杆最后还是落地了。他掸了掸身上的沙子，重新回到了助跑区。我拍了拍他的肩为他加油打气。

　　这一次，他的助跑有些小心翼翼，然后又是奋力一跃，身子在空中划出一条沉重的弧线。擦杆！横杆轻轻地抖动着，我的心早已缩成了一团，目不转睛地盯着那纤细的横杆，双手紧攥着衣袖。"啪"的一声，横杆还是落地了。我的眉毛拧成了一团。

　　只剩下最后一次了，他能成功吗？上午训练时他扭伤了脚。如今，他可是带伤上场，他能挺住吗？

　　这一次，他显得有些力不从心。助跑，起跳，他再一次腾空，从横杆上划过，落入坑中。横杆随即落下，我的心也落了下来。

　　风静静地吹着。四周显得有些阴沉。

　　他沮丧地站起，抖了抖身上的沙子，低着头走出了沙坑。

　　就是那么一根细细的横杆！

　　我同他一起静静地走着，走着。他埋头无言，我总忍不住侧头瞄他一下。

　　出太阳了。阳光慢慢穿透薄云，柔柔地射下来，照得人身上暖暖的。

　　穿透云层的阳光，让他如梦初醒，顿时，他停下脚步，抬起头来，眼里露出一种坚毅。

　　他终于越过了心灵上的那道横杆！是啊，只有放下对内心的束缚，才能得到心灵的轻松自由。我相信，跳高场迟早还会是他的天地。

聆听花开

一路有你们,真好

谭 梅

> 牵着你们的手,一路走,真好!就算是跌倒,我也会毫不犹豫地站起来,因为有你们的爱。
>
> ——题记

当我还是一只小鸟的时候,我卧在那温暖的巢中,用小眼睛去窥视外面那蔚蓝的天空,渴望展翅翱翔。你们精心地呵护我——为我啄顺身上的羽毛,在我嘴里放下美味的食物,哪怕是千辛万苦才得到的。我即使知道你们还饿着,却照样贪婪地吞下所有的食物,来者不拒。我不知道那就是爱,因为我觉得那是你们应该做的。

因为翅膀里储藏了你们补充的营养,血液中流淌着你们的辛劳,我逐渐变得强大起来,翅膀也渐渐变硬了。有一天，我不听你们的劝阻，不顾你们的叮咛，不理你们的指导，满怀激情与好奇，不顾一切地冲向蓝天。我使劲地往上冲，想和太阳去拥抱，准备衔下那金灿灿的光环。可是，它实在是太高了，高到我体力不支，翅膀变无力，慢慢地向下坠落。我后悔了，但是却晚了……

醒来时，我再一次躺在那温暖的巢里。你们焦急地望着我，泪水又一次浸湿了双眸。那一刻，我终于明白了什么是家的温暖，什么是爱。我悔悟，是我的任性让我想挣脱你们的手，用无知去涉足那神秘的蓝天，却不知道那外面的世界里，有尖锐的眼睛盯着我的肉，有猛烈的暴风雨想吞噬我的躯体。我应该聆听你们的叮嘱，和你们一起去历练飞翔，一起去寻找食物。等到我能独立生活的那一天，我才能大胆地松开你们的手，一个人去探索世界的奥秘。

妈妈，你的爱总是那么细腻，细腻到我觉得十分厌烦；爸爸，你的爱总是那么深沉，深沉到我不能理解。我有时会埋怨你们不爱我，于是向你们无休止地伸出小嘴，甚至时不时地向你们发出各种"威胁"。我没有想过，你们也需要我给予你们爱，尽管你们扮演的是"施爱"的角色。是我陷入"被爱"的角色太重了，以至于我忘了还应该"施爱"，直到你们无意间说到时，我的心才猛然一震。

我这才发现自己是多么的无情，多么的自私，多么的可鄙。居然还在内心中去谴责那些遗弃父母、不尊敬父母的鸟。虽然我没有那些鸟那么绝情,可是我却有意无意地在父母身上划下了道道伤痕。这才想到妈妈的爱是那么的珍贵,爸爸的爱是那么的温暖,感恩之心顿时涌上心头。

爸爸妈妈,是你们,给予我力量,让我飞向了天空,去拥抱太阳。

爸爸妈妈,一路有你们,真好!

向爷爷学习

宋天健

童年的回忆，散落了一地绚烂，拾起来满手芬芳。

小时候，因为父母在外地工作的缘故，几乎所有的快乐，都与爷爷奶奶有关。爷爷的品格也一直影响着我。

爷爷早年毕业于北京科技大学，做了一辈子的学问。当年工作时官职也不小，但是他从来不摆架子，任何时候都是一副笑呵呵、慈祥可亲的样子。我在学习上如果有不明白的问题，不管到夜里多晚他都能耐心地帮我解题、讲方法；有时晚上我做题到十二点多，看着爷爷还在灯光下解题，眉头紧锁，一只手还不时地捏着鼻尖，头发在灯光的映射下显得更加花白，真让我有些心酸。不一会儿，他终于想出来了，如释重负的表情在舒展的皱纹中露出来，于是来为我讲解，即使再简单，如果我没听懂，他就会一遍遍耐心地讲，不厌其烦。爷爷的谦虚认真，值得我学习。

在我小时候，爷爷的腿是我的专属座位，爷爷的胸膛便是我最好的靠背。爷爷喜欢抱着我讲故事，有时也出人意料地给我变个小魔术，让我钦佩不已。爷爷小的时候，在家乡天津被肆虐横行的侵华日军使用的生化武器伤害，导致身体皮肤溃烂，但爷爷坚持锻炼身体，坚强地活了下来，并坚持学习文化知识。爷爷说中国人要通过健康的体魄和博大的文化才能强大起来。爷爷的坚强勇敢，值得我学习。

爷爷虽说是个搞学问的，但由于奶奶身体不好，家务活还是由爷爷来干，不管多累多重，他总是一个人默默地承担。最让人敬佩的是，爷爷从来不向任何人发牢骚，每天都是高高兴兴的。纵使有人批评他，他也只是对于正确的欣然接受，错误的一笑了之。爷爷的乐观精神，值得我学习。

向爷爷学习，我不会忘记和爷爷一起走过的日子，我要让这些美好的品格从我的身上散发出浓郁的芳香。

我是小小蛋糕师

李冰雪

今天,我参加了一个由《南京晨报》组织的有趣的活动——做蛋糕。

上午九点,我戴着小记者证,和爸爸准时来到了活动地点——五台山餐厅。

参加活动的人可真不少,一段致辞后,便由一位蛋糕师给我们做示范,教我们使用做蛋糕的工具和材料。只见他把蛋糕抹好奶油后,竟然又用奶油和蛋卷筒神奇地做出一朵又一朵美丽的小花,在场的人都看呆了。忍不住鼓起掌来。我也按捺不住内心的激动,想着早点大显身手。

蛋糕和奶油发下来以后,我俨然成了一个小蛋糕师。

第一关,抹奶油。我把蛋糕放在转盘中央,小心翼翼地用刀取了一些奶油均匀地抹在蛋糕上。起刀也很有讲究,让刀刃微微倾斜,最好与蛋糕呈十度左右的倾角。慢慢转动转盘,这样奶油就很听话地被抹平了。嗯,还不错,有模有样。

第二关,作画。我有点心虚了。虽然我有画画的功底,但这可不是纸上作画,只要有一点失误就会影响整体效果。而且图案太简单了也不行,因为还要比一比谁的创意最好。于是我拿起竹签在蛋糕上面构图,先把边框绘出来。我屏住了呼吸,手心感觉有点出汗了,好紧张!在爸爸的鼓励下,我静下心来,将自己的绘画技巧发挥出来,几分钟后,一个超级可爱的哆啦A梦的图案终于"诞生"了。

第三关,上色。我们使用的都是无色素的果酱,有哈密瓜味的(绿色)、柠檬味的(黄色)、巧克力味的(棕色)……太诱人了,我好想尝尝哦!可我还是止住了这种冲动,迅速调整好心情,决定主色调为绿和蓝,并大胆起用棕色画出边框做点缀。老爸也在一旁出谋划策,我的作品顿时锦上添花。

功夫不负有心人,这三步曲最终演变成一个很棒的作品——哆啦A梦的迷你型蛋糕。外面的奶油甜甜的,里面的蛋糕香香的,再配上甘甜的水果,唔,真美!吃自己亲手做的蛋糕,味道就是不一样。那是吃在嘴里,"甜"在心里。

玉兰花香

胡嗣男

一想起童年,就不由得想起那些飘满玉兰花香的日子。眼前仿佛已是一树玉兰花开,那袅袅的花香仿佛已弥满心头。快乐的童年又出现在眼前……

玉兰花开了,小伙伴们三个一群、五个一伙地聚集在玉兰树下,孩子王手里拿着竹竿,小心地敲打着玉兰花的花蒂,痴痴地盼望着玉兰花能够完整地落下来。我们这些连竹竿都拿不稳的小孩子,眼巴巴地朝树上望着。一见有花瓣飘飘悠悠地落下,便拥上前去,虽然只抢到一两片花瓣,却也手舞足蹈,不亦乐乎。

那洁白的花瓣可是我们眼中的宝贝啊!女孩子戴在头上,真像美丽的花仙子;男孩子夹在头上,像两只高高竖起的兔耳朵。玉兰花瓣还是过家家必不可少的好玩意儿。有的把花瓣当作小船儿,放上写有梦想的纸条,让它载着梦漂向远方；有的在花瓣上钻个小洞，再穿上小细条儿，插在墙缝里，不时招来蜜蜂，引来蝴蝶；有的将花瓣泡在一瓶清水里，让那芳香溢到水中，酿造我们眼中的"名牌"香水。兴致来了，把香水抹在脸上，擦在手上，洒在衣服上，还真是香气袭人；还有的索性在花瓣上画上一张美丽可爱的笑脸，放在敬爱的老师的窗前，然后就躲在角落里看老师端详时那些洋溢着幸福的笑脸……

于是，我想拥有属于我的玉兰树。终于有一天，一个比我稍大些的伙伴，给了我一朵完整的玉兰花。我惊喜地捧起花儿，就像捧起世上的稀世珍宝。多么美的花儿啊，像一只精巧的玉杯，杯里盛满清香。我于是把花儿插在泥土里，用五彩的卵石围成一个花坛，希望花儿能快快长大，长成一棵亭亭玉立的玉兰树——那是只属于我的玉兰树，开更多更美的花儿。可惜它只能扎根在我的心中，盛开在我的梦中。

我常常走到玉兰树下，用玉兰树凋落的花叶铺成一个小小的地毯，然后舒服地躺在上面，任那香气沁入心脾。偶尔也会有花猫咪、小狗娃跑来凑热闹，大胆地卧在我的身旁。小伙伴们跑来就热闹了，他们是来荡秋千的。伙伴们都无忧无虑地荡啊荡，仿佛要把秋千荡到云里去，那银铃般的快乐的笑声追逐着白云直往上飘。

童年也随着玉兰花香飘走了，只留给我无尽的思念。那难忘的玉兰花香将在我心中永远珍藏。

聆 听 花 开

石雨帆

已是晚秋,我和父母去爬山。

我们走在一座险峻而又秀美的山上,那时满山树叶凋零,风卷着落叶袭来,一片枯寂凄凉,四周没有一点生机。因为在深秋,山上行人很少,只听见我们三人窸窣的脚步和凌乱的风声。

接近山顶时,我突然眼前一亮:在不远的山头上,有一个耀眼的身影在迎着天空怒放——是一朵小小的花,看上去那样的娇弱。风一次次地袭来,而她,弯曲后再挺直,仿佛在蔑视寒风的袭击。那份淡然,那份倔强,那份坚持,那种永远向着光芒绽放的精神,让我的心为之一动。于是,我开始攀登,向着一个方向勇往直前,在经过一段时间的努力后,我终于如愿以偿地见到了她。

当我的目光接触到她时,便再也移不开了。七片雪白的花瓣围成了一个美丽的圆形，蔓茎瘦长，花的边缘微微卷曲，好像有些害羞的样子。我惊叹：世界上怎么会有这样美好的颜色？仿佛没有一丝杂质，世间的清澈是不是都给了她？那样纯白的花，零星的花瓣绽放。小小的衣裙微摆，傲然不羁，淡然潇洒，全然不知冬天就要来临。在这深秋之际，蜡梅未开，菊已凋零，唯有这小小的花，向着自己的目标，用尽一生的力气，尽情绽放！

看着这份洁白，我心里添了些感动：烟火虽然短暂，却终其绚烂；昙花虽然短暂，却终其珍贵；樱花虽然短暂，却终其壮烈。虽然它们的生命只有几天，甚至一瞬的时间来绽放自己，但是心底却有一个不灭的目标——那就是即使生命短暂，也要倾尽所有，怒放华彩。花朵们用很久的时间来积蓄，仅仅是为了那向着天空的一瞬。花即如此，人又如何？

其实，细细地翻开往事之书，静观水中的一条游鱼，追寻草间翩然的蝴蝶，捕捉白发老人夕阳下的身影——那些心灵的触动如同盛开的风景，装点了我成长的足迹，永不凋零！

终于，在那年深秋的山中，我聆听到了花开的声音。

黑板上的记忆

刘明睿

偶尔心头滑过一丝明媚的忧伤,看日光倾城,听安静的歌,享受着暑假快乐的时光。只是闲暇时会想起上学时略有些拥挤的教室,以及那面镶在墙上一直缄默不言的黑板。

阳光从香樟树的间隙散落,映成地面上斑驳好看的花影。偶尔看到飞鸟从天空掠过,像是在天空这块大黑板上涂抹着什么。这才猛然想起,其实在教室里一直陪我走过的,是那面安静的黑板,而它身上早已布满斑驳。

熟悉的校园永远叽叽喳喳吵吵闹闹。

走进教室,看见黑板,心中偶尔荡起阵阵暖流。年少的我们,有过轻狂,有过嚣张。曾经跌撞,也曾经受伤。而黑板作为最朴实的见证者,记录着那些关于我们的"光怪陆离"的故事。

黑板上的记忆，是语文老师偶尔柔情似水、偶尔刚劲豪迈的字迹；是数学老师偶尔抽象、偶尔工整的几何图形；是英语老师自始至终娇小整齐的英文字母。这面黑板，是老师传授知识、塑造人类灵魂的工具。

黑板上的记忆，是老师在每次考试后总结的经验教训，是老师在有人沮丧失利时最真挚的鼓励，是老师在放假前重复了一遍又一遍的安全叮嘱。这面黑板，是老师与学生沟通的桥梁。

黑板上的记忆，是元旦晚会前华丽的大字，是自习课布满角落的各科作业，是考试前充斥着整张黑板的各科习题，是放学后某人画上的可爱漫画。这面黑板，承载着我们四年的喜怒哀乐，忧伤跌撞。

黑板上的记忆，是晾在草地上还未风干的故事……

因为有期盼

陈雪婷

风从遥远的地方吹来，带着漠视一切的神情，它自信可以摧毁万物，在它的威力之下，也许什么也不会剩下……但风沙渐消，我——胡杨树依旧傲然立在黄沙中，因为有了期盼！

我努力地把根向地下的深处延伸，即使泥土划伤我伸出的手臂，我也没有放弃。我要看看期盼已久的大地，我要长成参天大树。

终于，我从一粒种子长成小树，这才发现我生长的地方，竟是黄沙漫漫、荒无人烟的大漠……为什么？为什么只有我在这儿？巨大的绝望覆盖了整个天空，起风了，但我的心已经泛不起一丝涟漪。

大漠上的风也是残酷的。肆虐的风卷起黄沙狂野地呼啸，天地间的距离仿佛一下子缩短了，漫天的风沙，漫天的苍凉。风裹挟着狂沙，野性地打在我的身上，生疼，我瘦弱的身躯似乎被打穿了。痛！那种仿佛要将所有皮肉从身体上剔除的痛。那一瞬，仿佛感到死神的来临……不！我不能死，付出了那么多才终于冲出地面见到光明，我要长大，要长大，我不能忘掉当我还在地下时心中的期盼：我要长成大树，高入云际！

天地间的一切似乎都在风沙中变得渺小，唯一不变的是时间，风沙轮转，岁月轮转，我长大了。由于长期经受风沙，我的树干遍布疮疤，枝干嶙峋，像极了干枯的皱纹。我不漂亮，但我长大了，心中的期盼支撑着我，支撑我长大。渐渐地习惯了与戈壁做伴，与寂寞唱歌，像一个被忽略的倔强灵魂，在远方的远方，默默期待一个又一个明天。

我依旧站在风沙中，但那个期盼似乎不再那么重要，它是支撑着我的动力，而非一个遥不可及的梦想。

生而千年不死，死而千年不倒，倒而千年不朽，这就是我——沙漠胡杨，只因心中有了期盼，我变成沙漠中的英雄树，成了沙漠中的一景。

四季·土地

曾子荆

"燕子来时新社,梨花落后清明。"燕子唱响了春的序幕。

先是梅花耐着春寒,且在丛中笑。接着迎春花试探般张开几个骨朵,像刚出生婴儿欲开还闭的睡眼,然后便热热闹闹地绽了一树笑脸。随后,梨花、杏花挤满了枝头,香雪兰也怯怯地跟着大家吐出了幽芳。檐下,又见燕子繁忙筑窝的身影,蚕宝宝还是黑黑的、傻傻的模样,为了长大而开始大口嚼食桑叶,人们也从冬日的慵懒中摆脱出来,一身干劲地工作。

这么美好的春从哪里来呢?是土地,土地孕育了春。

"接天莲叶无穷碧,映日荷花别样红。"看,夏天来了。

树愈发浓绿起来,爬山虎不知何时为平整的墙染上了深浅不同的绿色,青青的桃子悄悄地挂上了枝头,还怕羞地躲在层层翠叶间。夏雨总是很高调,雨来前要闪电,雷鸣造势还不够,一场雨总扰得人整夜无眠,空气中溢满了尘土的腥味。雨后,香樟那淡淡的清香,便凝固了,终让人有处寻觅。青蛙也在傍晚开演唱会,蝉总怕别人不知道它,"知了,知了"地叫个不停。

这般浓烈的夏从哪里来呢?是土地,土地孕育了夏。

"碧云天,黄叶地,秋色连波,波上寒烟翠。"它就是秋。

几声雁鸣,叫断了游子的肠;几声哀鹄,啼退了征人的衣;两三滴雨水便引得幽人翠眉低。天高云也淡,芳草青青,斜阳掩映。大地穿上了一件金黄色的外衣,枯黄的杨树叶和鲜艳的枫叶飘落下来,好像是几只彩色的蝴蝶在空中飞舞。虽然寒霜降临,可青松还穿着碧绿碧绿的长袍,显得更加苍翠。黄澄澄的柿子还挂在枝头,像一个个大大小小的橘黄灯笼,在风中调皮地笑着。

这样丰富的秋从哪里来呢?是土地,土地孕育了秋。

"忽如一夜春风来,千树万树梨花开。"说不清几场秋雨后,冬就来了。

于是,大地静了,片片雪花好像温柔的母亲的手,有一下没一下地拍打着,是令人困倦的节奏。这一瞬间静谧仿佛来自亘古。连土地也静静地等待着,这是它们彼此的默契,树叶亲吻着泥土,池塘凝结了涟漪,一切进入了轮回，只等春的来临。

这静谧的冬从哪里来呢？是土地，土地孕育了冬。

美丽的四季，土地的四季，只是为了回报这美好、热烈、丰富、静谧的土地啊！

我的故事

丁行健

我很早就与书结缘了。那时的我还不识字,大人来讲,我来听,我知道了《卖火柴的小女孩》《海的女儿》《塞翁失马》《拔苗助长》许许多多的故事。故事中的一波三折总是叩响我的心门,即使故事已经有了美好的结局,我也喜欢把它续下去。我每每沉浸在对故事情节的想象中,这对我来说是无限的快乐。

后来识字了,开始用歪歪扭扭的字把自己想到的点滴记录下来。虽说文辞幼稚,语句常有不通顺的地方,但我还是有种成就感,并且乐此不疲。这使我在写作上稍稍向前了一步。也总能让笔尖和内心产生共鸣。

在乐于动笔的同时,我大量阅读自己喜爱的课外书籍,读书成为我生活中不可或缺的重要部分。从浅到深,从儿童书到成人书,从中国名著到外国名著,从历史书到哲学书，从自然科学到社会科学都是我的喜爱。读书让我获益匪浅：知识面拓展了，视野开阔了，对生活的思考能力增强了，感悟也多了。

　　随着一天天长大，我终于明白，每一段时光的剪影，只要用笔记录下来，就是一个故事。我们经过的每分每秒，其实都在书写着一个"故事"。现在，我的眼里可谓处处是故事。我用自己的笔勾勒出一个个简单而悠远的故事。

　　愿我们都有一双看世界的眼睛，一颗感受故事的心灵。

"玉蛋"轶事

韩田琦

在我六岁的某一天,随着"哇——"一声啼哭,"伟大"的弟弟降生。所谓"伟大"并不是说他头顶光环,身上长翅膀,穿着超人服,是个一出生就会喊妈妈的小哪吒,而是不知天高地厚的调皮鬼,随我一起来看看吧!

弟弟的名字叫玉,我叫琦。琦,装宝物的盒子。Oh, My god!原来我只是个装玉的盒子,为此,我在医院待了好多天,想看看让我保护的小鬼到底是何方神圣。他出生了,是个平凡得不能再平凡的孩子,因此,他获得了第二个名字:玉蛋。

"玉蛋,拿书来。"

"玉蛋,把我的胶布给我。"

玉蛋对我的呼来喝去,不仅不生气,反而乐此不疲,可这位"老实人"也有爱面子的时候哦!

有一次，他和大院的孩子们一起玩，玩的是捉迷藏，他去找人的时候，一个意外发生了，由于没仔细看，被一块石头绊倒了，时间似乎在这一刻停止，弟弟害怕地张开了嘴巴，高举双手，以0.0000……1秒的时间，以极其不雅的姿势，摔了个嘴啃泥。可这位仁兄极要面子，不顾身上的疼痛，不顾快要溢出的眼泪，迅速站起，第一件事就是看看有没有人看到那狼狈的一幕。在确定没有人之后，才放心地长舒了一口气，拍拍手，擦擦眼睛像没事人一样玩去了。

家中的院子里有一棵与我年龄相仿的梅树。弟弟经常站在树下，拿起小刀刻下他的身高，盼望着快点儿长大。一天他又去梅树那里，发现前段时间刻的印迹竟然比自己高了，他的眼泪立刻涌上眼眶，哇的一声哭了出来，其响声真是惊天地泣鬼神。我见状，赶了过来，他哭着把一切都告诉我，我听完以后，哈哈大笑，腰都直不起来，"不是你矮了，是树高了，哈哈哈……"他"哦"了一声，突然破涕为笑，转脸就跑去玩了，我那可怜的梅树啊，日后找他算账。

这就是玉蛋，我最亲爱的弟弟。他是家里的开心果，是生活的调味瓶，我们的家庭因为有了他才会如此幸福快乐！

露台上的演奏

李健康

  夕阳快要完全融入西边的山林里了。几只棕色的蚂蚁在长满青苔的露台下焦急等候。还有几只在一片花丛中穿行着,为这场宏大的演出忙碌地布景。伸出一对足指指凤仙,又指指百合,仿佛已经陶醉了。草茎搭上凤仙,花朵连起来了,装上露水小铃,安好小河边的石水琴……

  一队萤火虫在森林里穿行。这些道具师将要去准备他们的灯火。青石前,几只云雀,一条壁虎,还有那些淘气的小青蛙只盯着台上,等待这场演出。

  风吹动刚刚扣好的草结,来得也是那么恰到好处。草结发出"啪啪"的响声,在风的推动下传到了很远的地方。萤火虫编成种种图案,看也看不清,就像是光与影的交错。忽然,这些光与影化成了一个满月的图案。天上的月,水中的月,还有银光织成的月,早已分不清了。一只红甲虫穿过这幅图画，像仙子一样降临在水边的青石上。"沙沙，沙沙，沙沙……"身上的提琴奏出了高亢而灵动的音韵。水中的月亮动了，萤火虫织成的月亮也动了，天上的月亮仿佛也动了。欢乐的长音响起时，月亮是圆满的。短而悠长的余声表示悲伤时，月亮又缺了，颜色淡了。有圆有缺，有缺有圆，也许月亮被打动了吧。

萤火虫一下子散开了，又合拢。汇成一条长河，向远处延伸。延伸到了月亮上吗？不管是什么，他们成了一条银河，从高空直泻下来。小红甲虫似乎又换了件乐器，也许是大提琴。声音是那么的低沉、雄浑。河水奔涌着下来了，"哗——哗——"撞击着，拍打着石头，溅起激荡的色彩。演奏者也陶醉了，混入了萤火虫的队伍，边飞边奏。她也化成了一道浪花穿行着，在银河的众多浪头中，发出异样的美丽声响。

没有掌声，只有陶醉。露台上那舞动的身影还在继续，那是自然纯美的乐章。过了不知多久，终于谢幕了，是自然与心灵的交响！

童话内外

——读《安徒生童话》有感

张建强

第一次读它时,大约是六岁。《安徒生童话》对我来说简直是一个神奇的宝库,每一天都要在妈妈的帮助下看上一两篇,常常舍不得多读,好像糖果不能一次吃完。注音版的《安徒生童话》给了当时的我一次曼妙的旅程。现在我再次拾起这本经典,里面的内容并不觉得幼稚,而是散发出一种截然不同的魅力,吸引我的不再是情节,而是文字背后的安徒生。

人道、关怀、平等、博爱,安徒生渴望这些美好的东西。在他的笔下,这些已化为小女孩儿手中火柴燃尽的那一点余光,是美人鱼化成的泡沫。难道安徒生对现实绝望了吗?抑或是对自己梦想的绝望。但是小女孩儿在幻境中看到了安徒生想要描绘出的一切，美人鱼最终看到了天国之光。安徒生笔下的悲剧总是这样：在一切都过去了之后，这世界将会是爱的时间。安徒生的梦想，是他的希望，都建立在那一个个绝美的如梦如幻的故事中，这里的每一个字，都用尽了他的心血。仿佛安徒生自己就在故事中一样，在绝望中行走，最后是一声震耳欲聋的呐喊。

安徒生用一种别样的方式，在幻想中改变着在现实里不可改变的东西。正如他所说的，他争取到了下一代。每一个看过安徒生童话的人，心中都有了一份善良的萌芽。

在安徒生的笔下，他早就想到了童话之外，一定会有他所想象的东西。安徒生写童话就是为了让这个世界和童话一样美丽。

莲　花

韩　斌

　　感冒一个多星期了,吃药打针均不见好转,我只好住进了医院。

　　这天,夜幕降临,医院开始安静下来。病房中,浅绿色的墙壁在月光中犹如一潭幽深的绿水,没有一丝波纹,显得格外平静。

　　我无聊地躺在床上,这病中之夜可真难熬啊!

　　忽然,外面一阵喧哗,接着便推进来一个新病人。他的头发已如霜白,昏昏沉沉地躺着,手腕上还吊着输液针管。

　　"护士阿姨,我是来陪夜的。"好甜美的声音!

　　我循声望去,原来是一个小姑娘。她那张笑眯眯的脸,在绿水潭般的墙壁的衬托下,就像盛开在水面上的莲花,两只水灵灵的眼睛像是花瓣上的两颗晶莹的露珠。她看起来只有十一二岁,脖子上还系着条红领巾。

"哥哥，这是你的热水瓶吗？我帮你去打热水。"清风般甜美的声音唤醒了我，原来是那个小姑娘。

"好啊，那真谢谢你了。"

"没关系，我顺便的。"说完，她把同病房里的另外两个热水瓶也带走了。

第二天，我不知怎的就只盼着天黑。

终于，夜幕再次降临。

"护士阿姨，我是来陪夜的。"一阵和风细雨般的声音，是她来了！但声音似乎变细了些。

我又循声望去，同样是十一二岁的年龄，同样是系着红领巾，却换了另一张面孔：尖尖的下巴，大大的眼睛，像一个含苞待放的新莲。

"护士阿姨，我是来陪夜的。"第三天晚上，一阵百灵鸟似的声音，是她来了！但声音又变了。一张圆鼓鼓的脸，红红的，衬在绿水潭上，像一朵盛开的红莲花。

以后的每天早晨，都有小姑娘帮我们打热水，扫地……

中午，白发老人醒了，我们都夸他有那么多好孙女。白发老人一听，笑道："我可没那福气。儿女们都在外打工。这是学校的娃娃……"

这时，阳光照进病房，照在浅绿色的墙上，使我觉得这绿水潭一下子变得波光粼粼了，潭中朵朵莲花像那群小姑娘的张张笑脸，盛开着……

我的妹妹

郑紫珊

一个活泼可爱的小女孩儿,皮肤白皙,单眼皮,圆圆的脸,留着好看的妹妹头,有点像电影《城南旧事》里的英子。这就是我的妹妹——在在。

在在是爸爸送给她的昵称。她酷爱读书,似乎对书有着特殊的感情。经常看见她捧着书,或坐,或躺,或斜靠沙发,或站立阳台,如饥似渴地阅读。每晚上床后必做的功课也是读书,有时候读得忘记了睡觉,总是要爸爸妈妈再三催促,才恋恋不舍地丢下书本;丢下了,还意犹未尽,需要在爸爸的陪读声中徐徐入睡。为了满足她的读书欲,爸爸妈妈给她订了《儿童文学》《百科全书》《我们爱科学》等五六种图书、报刊。每当新书刊一来,她就欢呼雀跃,爱不释手地读起来。读书多了,见识也广了,说话文绉绉的,班里的同学们都叫她"小博士"。

有一次，我问正沉浸在书中的在在："这么多的书，能看过来吗？可不要囫囵吞枣，一知半解啊！"在在一本正经，慢条斯理地说："时间是挤出来的。不怕看不过来，就怕没书看。读书是要讲究技巧的，取其精华，去其糟粕嘛！"她大人似的说得头头是道，反而让我无言以对。

在在不仅喜欢读书，做事也很认真。只要是该做的，就想方设法要做好。刚上幼儿园时，在在发音还不能区分"z"与"zh"、"c"与"ch"，说话常常引人发笑。妈妈多次教她发音，她总是说不好。我们以为她放弃了，谁知有一天我们发现她正偷偷对着镜子练习："z，zh，c，ch……"我们都假装没看见，任她自我练习，没想到过了几天，她居然学会了"z""zh"等声母的发音，而且发得很准。上小学了，只要是老师布置的作业，她总是认真地完成，字写得又对又快又漂亮，常常赢得老师的夸奖。告诉大家一个小秘密，今年开始，在在还喜欢上了写作。她有一个小小的笔记本，有时候还会躲起来，偷偷地编写童话呢。虽然文笔有点儿稚嫩，有点模仿她看过的书，但是书写有板有眼，情节有自己大胆的想象。

聪明、漂亮的妹妹当然也有缺点，就是有时候有点儿拘谨，放不开，不太善于自我表现。在在的班主任马老师很喜欢在在爱读书、学习认真的习惯，但是也看到了她胆小的弱点。马老师就常常在课堂或课外活动时，给在在提供机会，让在在多发言。今年，马老师班上成立了小作家协会，马老师推荐在在任秘书长，让她发挥特长，和其他几个同学轮流写班级博客，也让她锻炼胆子。我想，有马老师的关心和她自己的努力，在在一定能大胆活泼起来。

　　这就是我的妹妹，一个爱读书、做事认真而又有点儿拘谨的小女生。

夏 日 风 情

方笛雅

夏日,吹来一阵阵凉飕飕的风。忽然,远方的天空传来了几声响雷,紧接着大雨倾盆而下。豆大的雨点打在屋脊上,像一串串断了线的珍珠,滚落下来;雨珠落在地上,溅起一朵朵小水花儿;雨珠落在江河里,惹得鱼儿们在水面上欢跃。

雨水落进了大地父亲的臂弯,滋润了万物,禾苗昂起了头,在雨中茁壮成长。雨水落进了江河母亲的怀抱,变成了一道道细细的河流,滚滚向东流去。雨水落进了大山爷爷的脊梁,冲洗他的身体,使山脉变得更青绿了,好像穿上了崭新的绿衣服。雨珠消失了,却无怨无悔,因为它们收获了快乐!

夏雨,你多么像我那可敬的老师啊!他默默无闻,站在讲台上,迎来一班又一班的学生,送走一届又一届的学生。岁月在他的脸上刻出了道道皱纹,而他却无怨无悔,因为他用珍贵的年华,教会了我们许多知识。

老师,您就像夏日里的雨露,滋润着我们的心田,让我们健康快乐地成长!

"维尼熊"的糗事

吕雪藤

糖的诱惑对我来说是不可抗拒的。小时候的我特别喜欢糖,正如浓香的蜂蜜对熊来说是世间美味一样,甜甜的糖对我来说也是人间美味了。也因为如此,小朋友们都叫我"维尼熊"。

这天,妈妈不在家,我开始我的"偷糖行动"了。只可惜,收获微小,只有白砂糖。我可不能就此罢手,这样怎么能对得起我的称号呢?于是我决定放手一搏,自己动手。说干就干,我开始了下一步行动。我记得老爸经常拿喜糖给我这个"小馋猫"吃,"喜糖,顾名思义就是'洗'出来的嘛!"我灵机一动,找来一只盘子,把收获的白砂糖倒了进去。"好像还缺点什么?"我自言自语道,"对了,喜糖怎么可以没有缤纷的色彩呢?"于是我拿来水彩笔的墨水,开始加色彩了。"绿色是苹果味,红色是草莓味，橙色是橘子味，蓝色是蓝莓味，黄色是香蕉味……"我一边念叨着，一边小心翼翼地把"色素"加进去，不一会儿，染色完成了，我高兴地趴在桌子上仰望这伟大的"杰作"。还剩最后一步，我轻轻地将这一盘"什锦水果糖"用勺子挖进我家的"迷你洗衣机"里，倒了两杯清水，插上电源，扭转旋钮，洗衣机开始工作了。洗衣机工作着，我也没闲着。我开始对它训起话来："你要乖乖工作，要是偷吃我的糖我就对你不客气。"然后我又找来一些珍藏已久的玻璃纸准备为我的作品添一件漂亮的衣服。终于，洗衣机停工了。我迫不及待地打开盖子，等来的却是乌黑不堪的水。我失望地拍打着洗衣机，大吵着："你还我的'喜糖'！还给我！"说着，把玻璃纸丢了一地，坐在地上一直哭。

时间一分一秒地过去了，直到听到妈妈的脚步声，我才不哭了。妈妈看着我一脸委屈，房间还被我搞得狼狈不堪，不免一惊，赶忙来问我发生了什么事。待我把洗衣机吞掉我的糖，并把我的水果糖化为一摊污水的经过向妈妈详细汇报后，妈妈笑了："我家的'小维尼熊'也会做糖了，真不简单，可是这糖可不是那么容易做的，等你长大了就知道了！"

如今，"小维尼熊"已经长成了大姑娘，我可以很容易就得到各种各样的糖，可是感觉再也没有小时候那样甜的糖，也没有小时候那样傻而有趣的经历了。

我要长高

瞿 阳

一张酷酷的脸，修长的手，再加上那惊人的身高，便成小帅哥了。可美中不足的恰恰是——不够高。我多么希望长高一点儿啊！

于是，长高成了我最大的心愿。要是朋友对我说："瞿阳，好久不见，你怎么越长越矮了呀！"即使这句话不经意说出口，我也会"怒"形于色。要是朋友对我说："瞿阳，好久不见，你越长越高了！"听了这句话，我便喜笑颜开，也找话夸夸他，甚至会与他分享我珍贵的零食，就好像我真的"长高"了一样。

不过，最让我气愤的是，我还没有弟弟高。弟弟比我小一岁，他居然长得比我高近半个头了，不知道的人还以为他是我哥哥呢，你说气人不气人？就像上次，去别人家吃饭。我和弟弟的差距便体现出来了。那个远房亲戚问：

"谁是哥哥呀,应该是这个高个子吧!"我听得火冒三丈,饭也没吃几口。个子像是又矮了一截。

个子矮给我带来的苦恼实在是太多了。体育没有别人好,排队做操总是要排第一个,让那些朋友看见了,多难为情呀!

上体育课,看着别人在欢欢喜喜地打着篮球,我却在旁边孤独寂寞地守着。想上去试一试,可我这么矮的个儿,打球难免会给我造成麻烦。运球投篮,对我也十分不利。再看看那些高个子男生们,轻轻地一跃,一个三分球便有了,简直是轻松无比。

五十米短跑对我来说可就是晴天霹雳了,往往不能及格,这又是为什么呢?唉,我的步子总是跨不大,跨出去的也总是鹅行鸭步,这样,速度也会随着步伐的变小而变慢。而长腿周星宇,十几个大跨步便轻松地过去了,简直不费一丝一毫的力气。到头来,总是像我这样的矮人在无数次的重复中慨叹明天的梦想。

唉,我那矮个子呀!我要长高!

闲不住的人

俞瑞华

当家里急需粮食下锅时,您在黄土地里开垦,开垦一家人的希望;当改革开放的号角吹响时,你在小金矿中挖掘,挖掘美好的生活;当包产到户自己拥有土地时,您又在这块土地上耕耘,耕耘家庭幸福的未来;当您开心地抱着我亲吻时,我就成了您闲不住的见证人。

从我记事起,您忙碌的身影就从未停下来过。清晨的第一缕阳光还未照耀大地时,您早已起来忙了,给您心爱的那几头牛饮水、喂饲料,而后再赶着牛群到山上去。回到家里您又开始编背篓、拧绳。童年里最美的记忆中留下了我和您一起拧绳的时光。那时候,您让我拉着绳的一端,您在另一端使劲拧着,边拧边唱革命歌曲给我听。有时候我不小心松手了,您也会呵斥我,然后气呼呼地走开。不一会儿,就又过来将绳的一端交给我,仍旧继续您的工作。

　　进入新世纪，村子里许多年轻人都外出打工了，爸爸妈妈也要出去。出去打工以后，种的地少了，您感觉到闲着没事干，就又自己做主买了几只羊，每天到山上去放。自从有了羊，您早晨起得更早了，每天赶着羊一刻不停地走着、动着。最后竟得了腰椎间盘突出。经过了中医的调理治疗后，病情有了好转，疼痛没那么厉害了，爸爸说要把羊卖了，让您安心养病，可您怎么也不同意，还会开玩笑说："我的这个病是闲不住的病，坐在家里就难受，到山上走动走动就好了。

　　去年，考虑到您的年龄，您的身体，家里人商量决定卖了羊，让您清闲清闲，您犹豫好久才勉强答应，说夏天羊贩来了就卖。可就在爸妈外出后，您就变卦了，原先说好的，现在一概都不管了。别人都说您不知享福，可我知道您舍不得您的羊——您的"黑头子"，您的"花耳朵"，有了这些羊，您仍可以奋斗，仍可以做自己喜欢的事。

　　这个闲不住的人就是我爷爷，他有着坚毅的性格和勤劳的品质。为了生活而奋斗的他是快乐的，也是充实的。我为我的爷爷而骄傲，也为他的这种闲不住的精神所折服。

藏在心中的感动

那年春天，回不来

彭镜珊

江南大地，终于绿了起来。湿软的土地上散发着新鲜的青草气息，又一个草长莺飞、生机勃勃的春天。但此春非彼春，那年春天，回不来！

他比我们大许多，也高许多，短发，厚厚的黑色金属框眼镜，对着阳光总喜欢把眼睛眯起，阳光把他的下巴划出瘦削的弧度。对我们来说，他就是崇高无上的神。我们尾随在他后面，带着崇拜的眼神看他用毛笔抄古文，连呼吸也小心翼翼的，他总是对我们微微一笑，然后继续他的文学世界。

那时我们踏着滑板车在路上疯跑，他常常露出牙齿开心地笑——尽管他不是该玩滑板车的年纪了。我们在院子里搜寻形形色色的植物，他一一为我们讲解它们的学名和功用，我们自然大多没有听懂，他就一遍遍对我们解释，如果还是不懂，他就叹气，继续带我们去搜寻植物。我们常常看着他变戏法般从东屋里取出小水桶、小水车等东西，他总是把这些东西送给我们："这些东西长期在屋子里，会难受的。"

现在回到大杂院，植物们仍然生长着，一片绿色。小水车仍然在，只是布满了灰。土地仍旧湿软，只是我们常看见他从中拿出精巧玩意儿的杂物间早已被蜘蛛网封上，风吹过，蜘蛛网惆怅地摇晃。听邻居说，他已经辍学，高中也没读完。继而叹息："他可是个有灵气的孩子啊！"

我也常遇到小朋友，不过我实在没有耐心跟他们解释"张"和"脏"的区别。现在我常常在被一群小朋友弄得焦头烂额时，想起他不厌其烦讲解的情形，转而佩服起他的耐心来。他总是扶扶厚厚的眼镜，一遍遍教我们文字，一遍遍地给我们讲解《本草纲目》的内容，他总是笑着的。不像我，一烦起来就皱眉，满脸的不耐烦。

他很有爱心，他把死去的鸟儿埋在土里，并用木板给它立了碑。他告诉我们，每个生命，都值得尊重。每次相聚完，在他做总结时，楼上黑黑的窗户就会被打开，一个中年男人粗暴地吼叫："快回来！都什么时候了！"他就会扶扶眼镜，不好意思地对我们笑笑，然后转身上楼。我后来才知道，他是单亲家庭，生母早已去世。同龄人也不愿意跟他玩，他只好把精力放在书上。

春天过去，他也就走了，据说是去做学徒。我突然想起他微眯眺望的双眼,像是憧憬着什么。憧憬什么呢?我想起"伤仲永"中的那个"伤"字,心中怅然。

眼镜,滑板,《本草纲目》,瘦削的下巴。那年春天,回不来!

不服老的外公

陈金宇

我的外公六十多岁了,两鬓早已斑白,岁月从他的身旁匆匆逝去,在他的额头留下了一道又一道的印记。可外公人老心不老,脸上依然洋溢着年轻的笑容,很少有人能看出他已是年近古稀的人。退休后的外公依然整天忙忙碌碌,冒着被外婆数落的"风险",品茶下棋打扑克,是社区里出了名的老顽童。

最近,妈妈的公司里人手不够,外公自告奋勇地做了一名仓库管理员,他自称"老库头"。外公当然忙得不亦乐乎,他又拿出了"老国营"的那一套,爬上爬下,不停地整理着货物,在仓库里你总能看到他忙碌的身影。

如今,各种商品的信息中总有英文,外公虽然时不时地看看《毛泽东选集》,但面对这二十六个字母,只能束手无策。每次一读到英文,热心的外公就卡了壳,只有干着急的份。看到别人热闹地忙碌着，外公就像一个不被同伴邀请参加游戏的孩子一样，怅然若失。"难道我老头还怕这几个小小的字母？"外公是不会被困难吓倒的，怎么办？学！

外公下定决心要学会用这二十六个字母，一股学习的热情充斥着全身。外公真谦虚，像个小学生似的缠着我给他讲课。我耐心地教他如何读、写、认，外公还认真地做笔记，不敢有一点懈怠。他把笔记随身携带，一有空就拿出来念念有词，一有问题就打电话问我。不知从哪里想来的好主意，外公竟用汉字给英文字母"注音"，比如"m"他标上"爱母"，"h"他读成"爱妻"，"s"他读成"爱司"……最有趣的是，外公居然又教导起我来："小伙子，我们男人在家就得爱妻爱母，在公司就得爱司啊！"这个老顽童，真不知道他哪来的这些奇思妙想。

岁月无情，外公老了，但外公却有着一颗乐观开朗、不服老的心。在外公的眼里，生活是如此美好。正如外公所说："夕阳无限好，没有近黄昏。"

大 国 英

陈思彤

大国英是村里的傻子。我觉得她不是很傻，只是有点儿傻。大国英本姓苏，但因为在十里八乡大名鼎鼎，人们就都叫她"大国英"。

村里人常在离村几十里外的地方见到她。好心人便劝她回家，有的还用三轮拉她回来。更多的时候谁也没管她，她也能自己回来。所以我说她不是很傻。

还有一点可以证明。她的记性极好，十里八乡哪村该有集市了，你准能看见她。

她到了集市上，就站在卖水果的跟前，一动不动。结果想买水果的人不敢靠前，摊主急了，就拿起几个烂果子塞在她手里。大国英不要，也不动。摊主只好拿起一两个又大又好的苹果、鸭梨之类的给她，大国英这才接过离开。以后大家都熟悉了，只要大国英来了，摊主就拿起最大的那个递过去。一路走过去，大国英的怀里总要塞上十几个各式各样的水果。

大国英还爱吃集上的驴肉火烧。卖火烧的也就学卖水果的，一见大国英经过就赶快"赠送"。

大国英的消息极为灵通，哪家有了红白喜事，她也总在开饭的时候赶过去。总管也不请示主家，盛出碗白米饭，上面扣两勺子肉，让大国英到旮旯去吃。

大国英吃饱了就在村里村外乱转，拾塑料瓶子。在废品收购站，一个饮料瓶别人卖两毛，给大国英五分就成。于是废品收购站的老板极欢迎大国英。

到了大秋，大国英就会给人家剥棒子（玉米）皮，半天就要两块工钱，多了少了都不行。我见识过她的好功夫。只见她左手飞快一撕，右手一押，然后右手横攥住玉米棒，左手使劲一掰，随着"嘎巴"一声，棒皮便"嗖"的一声飞了出去，手里只剩下干净的棒子轱辘。村里人这时都喜欢让她去帮忙，因为大国英半天就能剥出一座小山。

大国英也常到学校门口转悠，看到学生在操场上玩，就在栅栏外拍手。有一次，一个同伴想逗她，便把刚买的棒棒糖递给了她。不料大国英接过以后作势要打，吓得同伴往后一退，差点摔个跟头。谁知大国英右手举着棒棒糖，炫耀地挥舞了几下，嘻嘻一笑，转身走了。

谁逗着谁玩，还真不好说呢。

夜 来 香

蓝斯蔓

也许你会认为我要描写哪个美丽的女子，但不是。我要写的是我那普普通通的二伯。

直到今天，我也忘不了2007年的那个夏天。那天，奶奶打来电话，说二伯去世了。我的喉咙顿时像是被卡住了什么东西。晚上，泪水浸湿了枕头。枕边的夜来香仿佛也因为这泪水失去了原有的幽香。

二伯无妻无儿，是个普通工人。他总是留着小平头，胡子拉碴，从不注意自己的吃穿。可他总是对他的两个小侄女那么好，我和妹妹说起他就有种想哭的冲动。

每当领到工资，二伯总会带我们到超市买许多的零食。他心甘情愿地将大半工资用在他的两个宝贝侄女身上，好像我们高兴了，他就满足了。

当我们做错事，他也会批评我们，这时我们就会在背地里骂他，恨不得他快消失，甚至对他不理不睬。殊不知那时的他病情早已恶化，痛苦不堪。我们却没有好好关心他，现在想起来就满怀内疚。

二伯在的时候，每年五月份，他总会在吃过晚饭后带着我和妹妹，来到附近山坡上。在山腰的那片树丛里，有一些很美的植物。二伯说那叫夜来香。它们会开出香气浓郁的白花。那并不粗壮的树干，被周围茂盛的树枝遮挡着，然而却藏不住那浓浓的香味。

因为怕我和妹妹被周围的树划伤，二伯总是努力地将他瘦小的身子往前移，拨开周围的树枝，压下夜来香的枝条，小心地折下带花的枝干。因为香气过于浓烈，引来许多蚂蚁，二伯总是吹走那些蚂蚁，才将花递给我们。这些动作，我都记在心上。

我们手里各拿一枝夜来香，纯白的花瓣微微张开，像个害羞的少女。嫩黄的花蕊，纤细的枝干，油绿的叶子，让人爱不释手。看着我们如此高兴，二伯开心地说："以后经常带你们来摘。""好哇！"那是夏天里最美的回忆。

然而自从二伯去世后，再没有人在夏天带着我和妹妹到山坡上采夜来香了。"你二伯临终前还惦记着你们，还说自己攒下的一点点钱，以后要留给两个侄女读书……"想起奶奶的话，我的泪水止不住地流。我后悔自己没有好好听他的话，没有好好体贴他，这是无法弥补的遗憾。

夜来香，我的最爱，今夜可否带去我对二伯的思念？

母 亲

刘明秀

静谧的夜，我躺在宿舍的床上，夜空中满是闪闪发亮的星星，闪动着我无尽的思念……

我想起了家，想起了母亲。她的脸上总是挂满了笑容，古铜色的脸，如沟似壑的皱纹，神采奕奕的眼睛，微微翘起的嘴角，构成一个最美的笑。

母亲是一名普通的农村小学教师，对我教导有方。上小学的时候，当我拿着小红花回家，邻居左一句，右一句地赞美，我心里美滋滋地甭提多高兴了。母亲接过小红花，微笑着说："好，我把它们存起来。"偶尔我曾遗憾地想过，她为什么不把小红花像别人家一样贴在墙上呢？然而有一次，我竟考出一个非常不理想的成绩，心里又难过又害怕，躲在房间不敢出来吃饭。母亲知道后，拿出我的试卷，看着看着，渐渐地皱起了眉头，嘴角也轻轻地抿着,但随即,又放下试卷,温和地说:"胜利不骄傲,失利不泄气,这才是最重要的。这不过是一次小测试而已,下次还有机会!来,吃完饭我们一起好好分析一下……"也许正是母亲一直以来对我的鼓励,才有了我人生中的不断进步。更宝贵的是,我也由此学会了用平和的心态去面对许许多多的得与失。

母亲更是一个地道的农村妇女。她不挂金,不戴银,穿着不起眼的麻衣布裤,洗衣、做饭、种地,样样都行。当农忙时节,母亲趁学校放假的几天时间,从早到晚地在田间忙碌。她弯腰弓背,手持镰刀,瘦小的身子埋没在一片黄澄澄的稻田中,一下午过去了,终于割完了。但母亲并没有停手,而是继续抬来打谷机,忙着把稻谷打出来。当打谷机喘着粗气休息了,太阳拖着疲惫的身躯下山了,母亲的汗水、粗重的喘息,还有那被叶子划伤的手臂,才淹没在漫漫的夜色中……母亲为这个家付出了太多,但她从不抱怨什么,总是微笑地念叨着:"只要一家人平平安安的,辛苦点算什么。"

……

一丝晚风吹过,捎来几缕花香,把我从记忆中吹醒。夜静极了,洁白的月光如潮水般涌进窗户,载着我心儿的小船,回到了母亲的身边……

小心眼儿的爸爸

林嘉丽

妈妈做饭,爸爸工作,这是一般家庭的特征。我家却很特别——爸爸做饭,妈妈打工。爸爸本来是做生意的,后来失败了,因为没有合适的工作,索性就在家里做起饭来。别看我爸是个大男人,做的饭绝对好吃。家里的亲戚们吃过后都会竖起大拇指。

不过做饭时间长了,家庭主妇该有的特点,他慢慢地也补上了。妈妈戏谑地对我说:"你爸心眼越来越小了。"

月考结束的当晚,我闹着爸爸带我去吃消夜。爸爸欣然带我走进了一家巷子里的小餐馆,可能看我脸色有变,马上对这个小餐馆大加褒扬,什么又便宜又实惠味道又好服务也不错。"不就是想省点钱吗!还振振有词,我还看不出你的小心眼儿。"

我心里虽这样想,但还是和爸爸坐了下来,爸爸点了鱼片粥，我点了皮蛋瘦肉粥。服务员把粥刚放下，爸爸马上拿起勺子，在碗里舀了又舀。并舀起一勺仔细看了起来，我偷偷地看了一下四周，感觉并没有食客关注我们，才小声地说："别看了，好像没吃过粥似的。"可是这小心眼儿爸爸丝毫没觉察出我的用意，还用手指着勺子声音略高昂地对着我说："看看，这里有两片鱼肉！这碗里有那么多，这店家不亏死才怪！如果是我的话，肯定不会放那么多。"这心眼儿小得……我开始鄙视爸爸了。

一个星期六早上，我心血来潮跟着爸爸去买菜，在摊位间行走，爸爸不断小声地跟我说，"这家的秤不准，那家的鱼不新鲜，另一家的菜浇的水特别多……"我一边装作仔细听，一边避开脚下脏兮兮的水。"扑通"一声，唉，还是不幸中招了！而另一边也同时响起了爸爸的声音。我赶紧过去，爸爸正跟人家讨价还价……走过去，爸爸对我说："我看这家是新开的，来帮衬帮衬，差一点儿一斤，谁知他竟然把只死虾放了进去，还好我眼睛亮。太假了！"后来才知，活虾本来比较贵，而爸爸买时那家已经把价钱降到最低了，因为不够分量所以顺手拿了死虾放进去。但爸爸坚定地说就要活虾，一只死虾也介意，够小心眼儿了吧，可为什么爸爸不买便宜的死虾呢？

回家的路上，我突然明白了小心眼儿爸爸的心思——从没有抱怨过做"家庭煮男"，其实在"小心眼儿"背后，满载着爸爸的责任心和对家人的关爱。虽然心眼儿很小，但爱心宽阔。

睡　神

卢怀雪

几乎每个人都想当神仙，即使当不上神仙，就是能够见见神仙也是一件幸运的事，而我就是那个"幸运者"，不仅能天天见"神仙"，还与这位"神仙"是邻居呢。

在班里，有这样一尊神，我们称他为"睡神"。

"睡神"最大的特点就是能睡，几乎每节课都会因为睡觉而被老师揪着耳朵站起来，这一场景经常惹得我们哄堂大笑，而他却脸不红，心不跳，甚至还笑眯眯地看着老师，做无辜状。这不，他又在睡觉了，别看他一手托腮，一手拿笔点在课本上，好像在学习的样子，其实早已与周公约会多时了，不信，请看他嘴角的口水。也许是发现他半天没动课本，英语老师边讲课边慢慢踱到他的旁边，然后揪着"睡神"的耳朵，把他提了起来。"哎哟！哎哟……"睡神从甜美的梦乡中惊醒，一双大眼睛无辜地盯着老师，嘴里还嘟囔着："怎么啦，我没睡觉……"老师一句话也没说，只是重重地点了点被他的口水浸湿的课本，只见"睡神"的脸一下子变得通红，班里随即响起了一阵笑声，同学们一下子都精神了，刚刚残存的一丝疲倦被笑声赶到了九霄云外。

别看"睡神"几乎每节课都在睡觉，可他的数学成绩却出奇的好，甚至好得让我们这些刻苦学习的人都嫉妒。这不数学老师出了个难题，当全班同学都在冥思苦想、百思不得其解时，"睡神"却大摇大摆地走到了讲台上，三下五除二就把难题解决了。霎时，同学们不约而同地报以雷鸣般的掌声，"睡神"在同学们羡慕的目光里，胖乎乎的身子似乎一下子变得轻盈起来，美滋滋地飘回自己的座位。据我观察，剩下的半节课，"睡神"在努力控制着自己的睡意，甚至都把自己的手背掐红了。

我曾私下问过"睡神"，为什么在课堂上睡大觉，却不好好学习。他不好意思地挠挠后脑勺，慢吞吞地说："我也不想啊，可就是控制不了自己啊！"

得，找不到原因，看来他是打算做永远的"睡神"了。

藏在心中的感动

张靖之

也许您现在正倚着沙发看着电视,也许您正在因特网上浏览着新闻,也许您正像往常一样在厨房里操劳着……或许您早已忘记那个属于您的日子——母亲节,而我却要为此对您深深地说声抱歉。

有人说,母爱是一首歌,责备是低音,呵护是高音,感动是母爱的主旋律。当我呱呱坠地的那刻起,您就成了最繁忙也是最快乐的人。我倚在您温暖的臂弯里,您惬意地看着我微笑,享受着只属于您的幸福……

可是随着年龄的增长,我不禁和您有了一丝隔阂。总在埋怨着您的爱管闲事,总是躲避您的唠叨……某天我忽然发现,您那渴望的眼神里多了几丝黯淡,唠叨里多了几分失落,曾经乌黑的亮发也多了几根银丝……我有些心疼起来。人们常说,母亲是天使,曾遨游于广阔而美丽的天堂里，但是，有朝一日，她的孩子出生后，她便将那对翅膀摘下来。偶尔落寞时，她也会抚摸那对翅膀，回想着天堂的自由美好……但她很快便开心起来，因为她看见她的小太阳回来了……

　　妈妈，您一定就是那个天使吧，为了我，您把美好的年华全部倾注在了我的身上。我想母亲节虽已经过去，但以后每天都会是您的节日……

　　母爱如水，我便是水中的那条小鱼；母爱如天，我便是那朵洁白的云；母爱如山，我，便是那棵青翠的小树。天下虽大，但我们永远走不出母亲的怀抱。

超级动漫迷

邓漪岚

瞧！那个沉迷于动漫海洋里的女孩儿！

她身材不高，小巧玲珑；眼睛不大，却炯炯有神；樱桃小嘴，能说会道；扎着一条马尾，更加显得精神百倍。

"啊？什么？看电影？喜羊羊与灰太狼之兔年顶呱呱？我去，我去，等等我。有动漫看，怎么能少了我呢？"她今年已经十二岁了，但依然像一个小孩子一样，拥有着一颗对动漫无比热爱的心，这炽热的心绝对能燃烧太阳。

一放寒假，她就拼了命似的抓紧完成她那重如泰山的作业，每天起早贪黑的，就为了能尽早去看上今年的动漫电影——《喜羊羊与灰太狼之兔年顶呱呱》，就为了能多挤些时间出来看动漫——《我们这一家》。

"今天我们去爬山，去吗？""不去了，正忙着呢！"一瞧，她在看动漫。"中午我们去吃你最喜欢的日本料理，去吗？""不去了，我还有重要的事情要做呢。给我打包回来，谢谢啦！"一瞧，她又在看动漫。唉，为了动漫，她放弃了玩耍；为了动漫，她连最爱的美食都放走了。她简直都与动漫融为一体了，整天形影不离的。在假期中，"神马都是浮云，动漫高于一切。"在三十一天的寒假中，除了年二十九至大年初七，再除去一星期的忙作业的时间，其余的时间就是吃喝拉撒睡与看动漫。可以这样说，她整个寒假都浸泡在动漫的海洋里。

没办法，哈哈……其实这个女孩儿就是我，一个长不大的超级动漫迷。

没有人像他一样

高钰婷

车窗外的街道已着上了夜色的披肩。

乘校车回家的我百无聊赖,有意无意地听着旁边座位上的两个同学说话。突然,其中的一位学生说:"还是安庆比较好。"我的耳朵瞬间竖了起来。因为他提到的老师正是我初一时的语文老师汲安庆。前面一位同学回头接道:"嘿嘿,每次我只要'动之以情',郑重地保证一下,他就会说'好,我相信你',然后就过关了。"看到那个同学惟妙惟肖的模仿,我也不禁笑了。

想起汲老师,心里总是荡起层层的敬意。

汲老师不是那种德高望重、资历深厚型的老师,让我心动的是他的亲切与真诚。他总是很乐意与我们分享他的收获、他的生命体验,甚至他的疑惑与愤懑。他那有了成绩便像个大男孩儿一样激动的笑脸让我至今记忆犹新。

很多的时候，总觉得汲老师并没有把我们当作他的学生，而是作为彼此互相学习的朋友。他的思想一直很新锐，他的情绪一直很饱满，每堂课似乎都是他的节日。当我从一堂堂语文课上接收到这样的心情时，我也是开心的。一个人的体验是无法复制的，但只要能传递给他人，便有了意义。

汲老师经常谈细节的力量。每堂语文课前师生问候时，他总是非常端正地向学生九十度鞠躬。他总是不辞辛苦地向同学们弯下腰，哪怕有的学生只是点点头，有的甚至一动不动，他也依然堂堂课如此，次次都是满满的九十度。有的时候我想，还会有哪个老师像他一样，如此谦卑，如此严谨呢？

有一节语文课是我不能忘记的，那节课讲《唐雎不辱使命》。课文中写到一句话"长跪而谢之"，当他向我们解释"长跪"是直起身来跪时，许多同学都面露疑惑。这时，他快速返回到了讲台旁，不假思索扑通一声"跪"了下去。我的心随之一颤，看到了这一幕，他之后说了什么，我似乎听不清了，只知道从未有一个老师愿意为了给学生解释一个词就这么直接地面对着全班的学生"跪"了下去。自古以来，从来都是学生跪老师，从来没有老师向学生"跪"下去的。虽然这不是真正意义上的跪，但男儿膝下有黄金啊，可他并不在意。只见讲台上的他投入而生动地开始扮演起秦王，演示着什么是"长跪"，而学生们也并没有意识到那是如何奢侈的一种教育，只为一个寻常的词语。

我想我并不只是尊敬汲老师，我更崇敬汲老师。甚至，我希望有朝一日成为像他一样的人，并不只是因为他的学问，更为他那一份待人接物的真心，以及对理想追求的孜孜不倦，还有对知识永无止境的探索。

父亲的手

杨 静

我永远无法忘怀的是父亲那双布满老茧的大手。

父亲是村里的会计。在我很小的时候,就常常看到算盘珠儿在他手下快活地跳动,发出"啪啪"的声音。每当这时,我总爱趴在桌子上,看着他,眼睛死死盯住他的手,觉得他的手真伟大。可是每当我忍不住也想伸手去拨那些珠子时,他的手却高高地举在了我的眼前。我一看那刚才我还称赞的大手,便退缩了,乖乖地缩回手来。当然父亲不会打我,他用他那粗糙的大手在我脸上抚摸几下,然后又开始他的工作。

这是我记忆中印象最深的一幕。那时总感觉父亲摸我还没有他摸算盘珠那么多。

上了初中,回家的日子渐渐少了。每次回家,总难得见父亲一次。他永远都是那么忙,整天背着黄布大包往返在乡间的小路上。

一次回家，惊喜地发现父亲竟在家中。他站在墙角，默默地看着那已很陈旧的算盘。我纳闷极了：这算盘已经好几年没有用过了，因为这几年父亲都是用计算器来做账的，今天怎么了？难道是觉得冷落了昔日的老朋友？我看到父亲那青筋突起、摸了一辈子笔杆和算盘的手，鼻子一酸，叫了声"爸"，他回过头来看了我一眼，"嗯"了一声，又转向那算盘，那手仍高高举起，就像擎着一件宝贝似的。

后来才知道父亲的工作已经移交了，他将再也不需要摸算盘了。知道这些后，我脑海里浮现了父亲待立在墙角看算盘的一幕，也想起了那些小黑点在他手下快活跳动的情景，我的眼睛湿润了，我终于明白了父亲的一片痴情与苦心。

父亲很希望我——他的女儿——有一天能继承他的工作。可是每当他向我说起这些时，我便说："现在谁还打算盘？"而且当他教我时，我也总是拒绝地走开。每当这时，父亲总是苦恼地长叹一声，便什么也不说了。以后就常常看到父亲用那双布满老茧的手去抚摸算盘，久久的……

哦，叫我怎能忘记父亲那双长满老茧的手！

外婆·缅桂花

杨 芳

又是六七月份,院外的缅桂花开了,那朵朵的小白花一直浮现在我的脑海中,星星点点,勾起了我和外婆一起摘缅桂花的快乐记忆,叫人思念,叫人难忘……

那是一套单元房,楼后种着一棵缅桂树,不偏不倚,长在窗前,伸手即可碰到,最令人兴奋的,就是在开花之时,翠绿的叶中露出一朵朵清新诱人的白花,香气扑鼻。那时的我,不过四五岁,免不了望着缅桂出神,每当这时,外婆就会抱起我,给我讲缅桂的花、缅桂的叶,虽听不大明白,但我却听得认真,听得笑嘻嘻,外婆也总是笑得合不拢嘴……那是我最快乐的时刻。

再长大一点,我上了小学,和外婆见面的时间少了,可与外婆的相见总能让我忘了一切烦恼。最让我盼的,还是暑假,不是为了玩,而是为了天天和外婆在一起。缅桂花又开了,外婆说要给我摘缅桂,我快乐得好像吃了蜜。外婆开了窗,挽起袖子,将手尽力伸出去,见了一朵便用手捏住花朵下方,用力向上一提,只见树枝一颤,一朵花儿便下来了。我欢叫着拿过花儿,兴奋不已,闻着花香,爱不释手,抬头望着外婆,外婆笑着接过花,夹在我的领口,我抱着外婆笑了……那是我最甜蜜的时刻。

又长大一些,摘缅桂已不用外婆帮忙。阳光洒下,我脸上结满了晶莹的汗珠,手却忙个不停,一朵、两朵……装满了甜,充溢着爱。外婆站在一旁,一遍遍数着我给她摘的花朵,口中数着,脸上笑着,无比慈祥,无比温暖。我爱看外婆笑,因为她脸上的皱纹总是装满了爱与阳光。外婆手中捧着花,仿佛捧着珍宝,轻轻挑起一朵,凑近鼻子嗅了一下,享受地抬起头,闭上眼睛轻轻赞叹一声,回味无穷。外婆看我一眼,脸上顿时绽开了笑容,就好像她手中绽开的花一般,而那白白的缅桂花映出了外婆两鬓的银丝,往日年轻的外婆,一头黑发已被银丝白发所代替。啊,外婆老了!我还依稀记得和外婆捉迷藏,和外婆赛跑、唱歌……外婆走近我,在我领口夹了一朵,又在自己领口夹了一朵,说闻到花香就会想起我,我也说闻到花香就会想起外婆。外婆笑了,比这花更美,比这花更甜……那是我最幸福的时刻。

现在,为了我上学方便,家搬了,房子也出租了,和外婆一起摘缅桂花的时光已成为我心中永久的回忆。晃眼外婆满头银发,我现在能做的,只有让外婆多一些快乐!

追"星"记

韩佳月

只听好友林子海吹追星的奇妙感觉,我这个"平庸族"也心动了。

昨天收看了某娱乐频道,搜索到了某位女歌星。观其人气指数颇高,就她了!然后我一不做二不休,向林子讨教了几招,就开始追起"星"来。

林子之追"星"三部曲,其一就是买唱片、学歌。我骑着单车来到音像店,不管三七二十一,看到有"×××专集"字样的就"照收不误"。音像店老板在一旁直翻眼。"这小姑娘未免太厉害了吧?"付了钱,回到家中,我迫不及待地开始听歌,然后一遍一遍地跟唱,几乎"走火入魔"了!

第二天,见到林子,我便猛吹自己的偶像如何棒,吹着吹着,又哼了几首刚学的歌,以炫耀我追星的质量很高。林子傻了眼，"得了，一天就这样，追星真追上劲了！""可不是！"

林子之追"星"三部曲，其二就是依葫芦画瓢。说白了就是做什么都学着明星的样子。于是，我学着明星的样子唱歌、走路。然后上街选购了几件由明星亲自代言的衣服。趁劲儿，我又来到理发店，理了一个偶像式的发型。乍看，觉得挺好。可回到家，看到妈妈双眼瞪着我，我才发觉事情的严重性，赶紧折回理发店"重整河山"。怎么说，明星的一举一动，我越看越觉得传神，仿佛我们之间已有了灵犀。难怪林子见到我说："活脱一个翻版嘛！"

我笑了……

林子之追"星"三部曲，其三就是亲临演唱会，求"星"签名。林子一本正经地说："这要办不到，追星可是徒有虚名啊！"说着拿出她的"宝贝"——某某明星的签名。"签就签呗，有什么了不起！"我不甘示弱。我打听到偶像暑假期间将在本市举办一场演唱会，我费尽周折买到一张入场券，跟老妈磨破了嘴皮子不说，还花光了我所有的"积蓄"。

当我兴致勃勃地赶到演唱会现场，却发现早已座无虚席。我只好眼巴巴地站在后面，一直到最后，都没有机会走上前求到偶像的"墨宝"。

我拖着沉重的脚步回到家中，又气又恼。破费了不说，还被挤得死去活来，到头来却是竹篮子打水一场空，没搞到签名，追"星"不是前功尽弃了吗？

这时，妈妈走了进来，递给我一张报纸，"某歌星在某市举办演唱会，竟有数人为争得与之握手的'殊荣'而被踩成重伤。"我哑然。"人，需要的是敬仰，而非盲目崇拜！"妈妈语重心长地说道。

清醒之后，我领悟了妈妈的话，盲目崇拜是会让人误入歧途的。从那一刻起，我放弃了盲目追星。

我的追"星"历程很疯狂，但终究很平淡！

妈妈的手机短信

黄 飞

"学子少闲月，平常人倍忙！"我正沉醉于几道数学难题中，突然听到几声熟悉的手机短信的提示音。一打开，两条短信赫然入目。第一条是："寒流即将到来，天气就像孩子的脸，说变就变，你要多穿点衣服，注意身体。我开始学拼音书（输）入了，很难，但我决心学会。妈妈。"第二条是："儿子，听人说手机发短信，又快又省钱，我就用你小姨淘汰的手机给你发了短信。妈妈以后多用手机短信，多联系。妈妈。"

一瞬间，晶莹的泪花模糊了我的双眼，真没想到，只有小学文化，基本赶不上时代、不会用手机的妈妈竟能给我发了短信。

教妈妈用手机发短信还是偶然。上月回家，在家用手机给同学发短信时，妈妈觉得很新鲜，问发短信有什好处，我就一五一十地告诉了她。妈妈凑过来让我教她，我从最基础的开机、关机、拼音说起，我讲了半个小时的基本操作，可妈妈还是云里雾里。我矢口说了一句："你真笨，猪脑筋！"爸爸气得挥拳要打，被妈妈一把拉住："算了算了，儿子也是有口无心！"我只好把步骤写在纸上，告诉妈妈手机怎么用，不过要先学会汉字拼音输入。可妈妈把拼音都基本上还给了老师，不可能马上学会写短信呢。于是，那次学发短信草草收场。

　　我再也按捺不住内心的激动，下晚自习打电话回家问妈妈怎么学会写短信的，妈妈说："拼音记不住，我就找你的字典查。这两条短信是在你妹妹的帮助下，花了一个多小时才写完。我想你和你爸，想天天能与你们说说话，隔几天通话我又觉得时间太长，又太费钱了，编短信正好，妈妈不觉得麻烦！"

　　我的心微微一颤，一种暖流从心底泛起。泪光中，我仿佛看见妈妈又拿起了手机，正虔诚地编着短信……

没钱的日子

张 婷

你是否尝过没钱的滋味?

在没钱的日子里,我尝到了生活的苦涩,同时也学会了珍惜和节约。

能有这一次尝试节约的机会,完全是因为我自己的粗心。那天下午,忽然发现上学时间有点来不及,匆匆忙忙中竟忘记带上妈妈给的零用钱,等记起来时已经能看得见学校大门了。就这样,我仅带着上周末花剩下的一元钱来到了学校。

在没钱的日子,我学会了珍惜。课余,看见同学们买这买那的,只好痴痴地望着。虽然心里也想买上自己称心如意的一件,但摸摸兜里仅有的一元钱,便想算了吧,这一元钱不到万不得已是不能用的,否则以后日子更难熬。平日里大手大脚花钱毫不心疼,今日才知道少了钱是多么不容易。于是，我心底多了一份对钱、对父母劳动的珍惜。

在没钱的日子里，我学会了节约。大热天本来就难熬，偏又遇上体育课，更是火上浇油，一节课下来，早已口渴难耐的同学们不约而同地奔向商店，或喝冷饮或吃雪糕。虽然我也渴得要命，但一想到自己只有一元钱，终不敢"造次"，只好自我安慰：唉，其实也没有什么大不了的，不过是片刻的难熬，坚持过去就行了——不可贪图一时的享受，艰苦朴素才是老一辈的光荣传统。

在没钱的日子里，我学会了珍惜和节约，这是生活给予我的教育和启迪，让我对供我生活、读书的父母更添了一份理解和感激。

环保总动员

朱梦垣

"咳,咳咳——"回家的路上,一股股烧秸秆的浓烟刺鼻"刺目",我的泪水雨一样淌着。回想起从前,我坐在车上还可以观赏两边的风景呢!而现在,不仅看不到风景,还担惊受怕,生怕爸爸在浓烟中把摩托车开进人家已经秸秆成灰的田地里。我一边捂着鼻子,一边提醒爸爸:"小心,慢点儿。"

好不容易挨到家里。吃晚饭时妈妈说:"这回我们听女儿的,明天把秸秆都收上来。也花(环)包(保)一次。老朱,明天别去上班了,陪我干活!"

"老妈万岁!"我那个激动啊,心想这几日来的游说终成正果啊。晚上跟电视早早就说了"拜拜",第二天一大早就起来了。妈妈还以为我哪儿出了毛病——晚上不看电视,周末早早地起床——真是奇迹啊!

一到田里，我就傻眼了，额滴神呀！也太多了吧。而妈妈仿佛觉得这事太简单，三下五除二，一片秸秆就乖乖被捆得结结实实。我忙学着妈妈的样子把秸秆捆了起来。可秸秆们好像故意跟我过不去，我一捧，它们从我怀里纷纷溜回田里去了，横七竖八。我愤愤不已，真想一把火也把它们烧了。不久我找到了巧劲，胳膊、手、身体协调有力，秸秆们听话多了。

我这边差不多了，爸爸那边又出毛病了。果然，不出我所料，爸爸干了一会儿就坐在草捆上跷起二郎腿歇了起来。他嘴里不住地念叨着："梦垣啊梦垣，都是你出的馊主意，得不偿失，我这一天一百五十块的工资啊，我的满勤奖啊！"

爸爸还在那边叽里呱啦，我忍无可忍，再次施展三寸不烂口舌功："老爸，你知道你有多伟大吗？这秸秆要是烧了，罚钱不说，你知道女儿要落下个怎样的骂名啊？堂堂初一学生连家里环保都搞不定，将来怎么在社会上混？老爸，你真是我的偶像，我太崇拜你了！""呵呵，呵呵！"果然，老爸跟着忙碌起来。

隔天，星期一。我早早就又坐着老爸的"旧坦克"去上学。老天，这么早还有人出来焚烧秸秆？起这么早，不如把秸秆拖回家。两天来的精神劲儿顿时泄了不少。

"咳咳，咳咳，"我一边流泪一边说，"下一次我会加倍努力的——"我的声音随着车前行，然后在迷雾中飘散……

长大是个过程

刘逸楠

我从小生长在一个偏远的小村里,村子旁边有一条铁路。

小时的我,对任何事物都充满了好奇。当时又没有什么好玩的,每天吃完饭,不是摸摸这儿,就是碰碰那儿。奶奶最怕我到铁路上去玩,每天都会拉着我的耳朵叮咛:你可千万不要到那条铁路上去,上面跑的是妖怪,跑得很快,你想躲都来不及,专门就吃像你这么大的小孩儿。

那条路上跑的是吃人的妖怪?看着奶奶那一本正经的严肃神情,我就像小鸡啄米般一个劲点头。

白天,一听到巨大的"嗡嗡"声,就急忙往家跑,进了门连忙牢牢地关住大门,等"嗡嗡"声消失后,才敢打开大门。而晚上,一听到那声音,就赶紧把头钻进被窝里,不敢伸出来。

或许是很久很久以后的某一天，我心里突然冒出一个念头：那妖怪究竟长成什么样？于是，就急切地等着它来。那声音来了，我连忙躲到树后面，眼睛眨也不眨地盯着铁路。来了，来了，一条巨大的毛毛虫，好长好长，像风一样快。奇怪的是，它并没有四处找小孩子吃，转眼便消失了。

后来，我觉得那妖怪并不可怕，而且它好像不离开那条铁路。慢慢地，我从树背后出来了，远远地看着它，它还是没有"生气"。再走近，还用土块扔向它，它还是自己走自己的，不搭理我，更别说吃我了。我还在它前进的路上摆了一块石头，竟然被它碾成两半。好家伙，太有劲了，幸亏它不生气！

再后来，我才知道它叫"火车"，是交通工具，绝对不会吃小孩子的。

如今细细想想，成长中有好多事都像"火车"，在我没真正接触到它以前，常常被大人渲染得无比神秘，无比厉害，无比可怕，其实走近了，才知并非那样。只要我们约束好自己，一般情况，应该没有什么可担心的。就像火车，就像网络。

这个认识过程，是不是就叫长大？

妈妈不帮我

王美琳

在我的记忆中,有一件事印象特别深。

去年春节假期过后的正月十三,妈妈把我从姥姥家接了回来。到家后才发现自己的语文书忘在了姥姥家。明天就要上学了,于是我要妈妈帮我去拿。没想到妈妈却无情地说:"你不会自己去拿吗?我的事还多着呢!"可是我的自行车没在家,于是就跟妈妈怄气没去。直到天黑,妈妈仍然不去拿,我也不管三七二十一,钻进暖暖的被窝就进入了甜美的梦乡。

第二天早上,我正睡得香,隐约中听到妈妈在叫我起床。我一骨碌爬起来,一看表,才五点多钟,想再躺下,妈妈却揭开我的被子:"还不快去姥姥家拿书!""什么,你没拿?太绝情了吧!"我着急地喊道。原以为妈妈已帮我拿回了书,可现在,我只好自个儿去了。一路上,我急匆匆地走一段，跑一段，周围是那么黑，那么静。一阵寒风吹来，我不由得打了个寒战，只觉得浑身冷飕飕的。我一边走，一边埋怨着妈妈："真是太狠心了，明知我胆小，却不肯帮我。"前面的路更黑了。突然，不知哪儿传来一个声音，吓得我毛骨悚然。停下来仔细一听，周围仍是那么静。我又继续走，但总觉得后面有什么跟着似的，心里发虚，不觉得跑了起来。虽跑得快，但心里仍感到有什么追赶似的，竟出了一身冷汗。

终于到了姥姥家。我拿上书就往回走。走出姥姥家门不远，隐隐约约看见一个人影——那不是妈妈吗？我一口气跑到她跟前，生气地问她："你不帮我拿书，在这里做什么？"妈妈听了我的话，用手抚摸着我的头，和蔼又严肃地说："书，我是可以帮你拿的，但是，你总不能事事都依赖大人啊！妈妈这样做，是想让你自己闯一闯，闯掉你的依赖习惯，闯出你的独立意识。"

我恍然大悟，顿时明白了妈妈的良苦用心。我抬起头，望了望妈妈，使劲地点了点头。

现在，每当我遇到困难时，眼前就会浮现出妈妈那充满鼓励的目光，它使我增加了战胜困难的信心和勇气，让我改掉了依赖别人的坏毛病。

我永远不会忘记这件事。